# 古典文獻研究輯刊

## 十一編

潘美月・杜潔祥 主編

# 第 15 冊

## 楚帛書研究（上）

陳 茂 仁 著

國家圖書館出版品預行編目資料

楚帛書研究（上）／陳茂仁 著 — 初版 — 台北縣永和市：花
木蘭文化出版社，2010〔民99〕
目 4+176 面；19×26 公分
（古典文獻研究輯刊 十一編；第 15 冊）
ISBN：978-986-254-298-9（精裝）
1. 簡牘文字  2. 帛書  3. 研究考訂
796.8                                           99016386

ISBN - 978-986-2542-98-9

9 789862 542989

古典文獻研究輯刊
十一編  第十五冊                    ISBN：978-986-254-298-9

楚帛書研究（上）

作　　者　陳茂仁
主　　編　潘美月　杜潔祥
總 編 輯　杜潔祥
企劃出版　北京大學文化資源研究中心
出　　版　花木蘭文化出版社
發 行 所　花木蘭文化出版社
發 行 人　高小娟
聯絡地址　台北縣永和市中正路五九五號七樓之三
　　　　　電話：02-2923-1455／傳眞：02-2923-1452
網　　址　http://www.huamulan.tw 信箱 sut81518@ms59.hinet.net
印　　刷　普羅文化出版廣告事業
初　　版　2010 年 9 月
定　　價　十一編 20 冊（精裝）新台幣 31,000 元

# 楚帛書研究（上）

陳茂仁　著

## 作者簡介

　　陳茂仁，民國五十七年生，臺灣省嘉義縣人，國立中正大學文學博士。

　　先後曾任國立嘉義農專、國立中正大學兼任講師，國立臺東師範學院語文教育系、

　　國立屏東師範學院語文教育系、國立嘉義大學中國文學系專任助理教授，現任國立嘉義大學中國文學系專任副教授。

　　先生專攻校讎、文字、詩學及閩南語詩歌吟唱（含理論），著有《亢倉子校證》、《王士源亢倉子研究》、《文字學概論》、《古典詩歌初階》、《小品文選讀》、《大學文選》（合編）。學位論文有《楚帛書研究》（碩論）、《新序校證》（博論）。另有期刊論文〈白居易「格詩」意涵試探〉等二十餘篇及研討會論文〈楚帛書〈宜忌篇〉釋讀〉等十餘篇。

## 提　　要

　　楚帛書，係一九三八年於湖南長沙東郊杜家坡附近之子彈庫所盜掘出土。帛書中間由互倒〈四時篇〉及〈天象篇〉兩篇文章所構成；邊文則採環繞形式，由十二段文字（含章題）及十二個神像相間而成，而於帛書四角落，則分繪青、赤、白、黑等四木。

　　本書為作全面性之探討，由其盜掘出土之相關墓葬、位置及其收藏流寓之情況談起，接及推判楚帛書之國別、年代、楚帛書置圖之方式、文字考釋、十二神像、四木、楚帛書之性質及墓主身份等等，最末則總述楚帛書文字之特色、價值與研究成果。

　　要之，楚帛書為戰國中晚期之楚國實物，其下葬年代當稍晚於西元前三一六年；其擺置方式，應為上南下北，即以〈四時篇〉為正置；今觀文字所載，可以窺見戰國楚人對於四時之生成與天象運行之看法及神話傳說之梗略，於邊文之章題，筆者發現為就各該章文內容之特出處，所提煉濃縮而來。而綜觀文字之特色，略有簡化、繁化、一字異體、「＝」符及標識號等五類；而十二圖像概其時楚人特有之神話傳說人物，至如四木，則具四維之作用外，當亦與十二神像之居勾方位有關；而墓主概為一士階級之楚巫師，而楚帛書為一具陰陽數術性質之楚月令。最末於附錄編進：楚帛書三階段之摹本、照片影本；筆者一九九五年之楚帛書自摹本；楚帛書行款表；楚帛書歷來研究論著及楚帛書文字編。

**上　冊**

目

次

# 第一章　緒　論

## 第一節　研究動機與目的

　　楚帛書，或稱楚繒書、〔註1〕楚絹書，〔註2〕係一九三八年於湖南長沙東郊杜家坡附近之子彈庫所盜掘出土（詳第二章第一、二節）。該墓爲一座帶有墓道之長方形豎穴墓，墓室東側爲一木棺，西側爲一與棺同長而倍寬之邊箱，邊箱中滿貯明器，另有頭箱一個（圖一）〔註3〕，帛書即出於此頭箱中。〔註4〕「帛書從長十五英吋，橫長十八英吋，墨書。」〔案：約合公制縱 38.1 公分，橫 45.7 公分〕〔註5〕中間爲互倒兩篇文章所構成；邊文則採環繞形式，由十二

---

〔註1〕 稱楚繒書者，有：
　　　　〈楚繒書疏證〉，饒宗頤，中央研究院歷史語言研究所集刊，第四十冊。
　　　　〈楚繒書疏證跋〉，陳槃，中央研究院歷史語言研究所集刊，第四十冊。
　　　　〈論長沙出土之繒書〉，董作賓，《大陸雜誌》第十卷第六期。
　　　　〈長沙戰國繒書及其有關問題〉，安志敏、陳公柔，《文物》1963 年第九期。
　　　　〈楚繒書「𪔮盧」解〉，金祥恆，《中國文字》第二十八冊。
　　　　〈楚繒書文字拾遺〉，唐健垣，《中國文字》第三十冊。
　　　　《晚周繒書考證》，蔡季襄，藝文印書館，民國 61 年 6 月初版。
　　　　〈楚繒書研究〉，高明，《古文字研究》第十二輯。
〔註2〕 稱楚絹書者，如〈戰國題銘概述〉（下），李學勤，《文物》1959 年第九期，頁 58。
〔註3〕 本論文爲便於圖文對照，除特別之需用外，一律將圖片附於該節文末與註釋之間。餘此類推。
〔註4〕 〈長沙子彈庫戰國木槨墓〉，湖南省博物館，《文物》1974 年第二期，頁 40 附錄。
〔註5〕 《晚周繒書考證》於民國 33 年，蔡季襄於長沙以石印本刊行，至民國 61 年 6

段文字及十二神像相間而成。據蔡季襄所言，「書〔案：楚帛書〕用竹笈貯藏，折疊端正」。〔註6〕原作八折，因埋藏日久，故原帛已呈深褐色，文字不甚清晰，加以帛質易碎，於折疊處留有折痕，文字殘泐甚多。帛書出土首歸蔡季襄，蔡氏並爲之作《晚周繪書考證》。〔註7〕1946年於上海爲美人柯克思攜往美國，至今原物仍留滯異邦（詳第二章第二節）。

此件文物自1938年出土迄今，已歷57年，其本身所蘊藏之問題甚爲繁多，在前輩學者研究下，有些問題已趨解決，有的則尚難定論。五十餘年來，由於楚帛書摹本優劣不一，以致各家釋讀多有出入。帛書摹本、照片之面世，約可分爲三種：

其一：蔡季襄《晚周繪書考證》中所附之帛書臨寫本（參見附錄一：圖一）。此寫本係其長子蔡修渙憑目驗帛書原物寫繪而成。因帛書封藏土中二千多年，原質脆弱，字跡消褪，目驗難悉原貌，故文中多訛誤、缺文亦在所難免。據此而研究之論著，其成效自是不彰。

其二：華盛頓佛利爾美術館之帛書全色彩色照片摹本（參見附錄一：圖二）。約於一九五二年，該美術館以照相技術，將帛書拍成全色之彩色照片，此照片自較蔡本存眞，然因出土日久，字跡消褪，加以照相之技術有所局限，是以據此而研究之論著，其成效亦不彰，然已較蔡本進步。

其三：紐約大都會博物館之紅外線照片（參見附錄一：圖三）。於一九六六年，該館延請對帛書有深入研究之澳洲學者，諾埃爾·巴納德爲指導人，並委託阿克托科學實驗公司，以航空攝影用之紅外線膠片攝製帛書原物，效果甚爲可觀，原物字跡不清處，往往可清晰見之，雖仍有甚多不可知之殘痕缺文，然大體言之，文意概略可知，據此而研究之論著，其成效亦較豐碩。

因帛書版本之出現，大別有以上三種，是以研究成效亦各不同。據粗略之版本爲研究者，因文字摹寫失誤，其隸定釋讀之成績自不待言，直至紅外線照片出現，文字之摹寫方稱近正，研究之成果亦較可觀。又有關楚帛書之

---

〔註5〕月，台灣藝文印書館重印之，爲今行世之本，文見〈繪書考證〉頁1。

〔註6〕同註5。又本論文於某些地方提及前輩學者而未加「先生」之稱號，純以行文順暢爲考慮，非有心無禮，筆者藉此申述之。

〔註7〕《晚周繪書考證》之所由作，可參該書〈晚周繪書考證自序〉頁1。此書刊印之情況，請參註五。

論著，遠不若甲骨文、敦煌寫卷之受重視，且前輩學者所論，各有偏重，或主隸定文字；或主釋讀內容；或主探討其相關之問題……。因鄙人素好古文字，加以楚帛書至今尚未有一完整之論著面世，且因帛書久埋之故，帛質弱脆、筆畫模糊，難以勘察全貌，諸前輩學者所論，亦未必盡為確切，是以區區之意擬對此帛書，做一全面之介紹與研究，期使喜好此古物者，能有廣漠見綠洲之喜，而興起更進一步研究之動機。

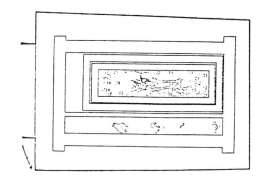

圖一　出土楚帛書之墓葬圖

## 第二節　研究方法

筆者所作之工作，旨在達到對楚帛書作一全面之研究，然而欲真正達到「全面」，實在是一件非常困難的事。楚帛書雖只單薄的一張 38.1×45.7 公分大小的帛布，但其所呈現的，卻是一個多度空間立體的東西，任你由那個角度切入，都會呈現不同之面相，筆者之所謂全面，實為不自量力之詞，至多僅能就帛書表面所呈現者為之。蓋由其出土之情形述起，接著介紹其後之流向、研究狀況，最後呈現個人淺顯之研究心得。個人之研究僅止於為楚帛書作一線條式地介紹與研究，結構大綱亦因之以成。

在尋求研究方法前，個人認為有三件事是必須說明的：

第一是，這個研究我所關切及欲解決之問題為何？

第二是，知道問題所在再尋求研究方法。

第三是，說明這個方法之合理、可用。

於此，筆者有必要為自己所作之研究稍作說明：

楚帛書自一九三八年出土迄今，有多個問題尚懸而未決：諸如出土之地

點、出土年代、墓葬結構、墓主身份及帛書流落異邦之情形等等，眾說紛紜。帛書出土後，諸前輩學者所論，大抵因循舊說，而不考其眞僞，這是楚帛書外部尙懸而未決之事。而楚帛書究爲何時何地之實物？其作用爲何？何以施之墓葬？帛書置圖之方式爲何？十二圖像、四木，乃至帛書文字之釋讀、特色等等，爲楚帛書內部尙懸而未決之事。就上所述，各家說解或同或異，同者或襲於相因，異者或呈一家之勢，而未進一步討論何以如此之原因，觀此，不免令人感到遺憾，是以筆者所作之研究，即欲解決這些問題，使能找出一更客觀、可信之結果來。

綜上所述，問題雖然繁雜，然大抵可別爲兩大類：一爲文字釋讀方面；一爲非文字釋讀方面。即因有此兩大截然不同性質之分別，是以筆者認爲亦應據此兩大類，而去尋求兩套不同之研究方法來，如此之論文寫作，以兩套方法爲之，或許令人覺得可笑，但細思之下，卻是必須且無庸置疑的。今述之如下：

## 一、文字釋讀方面之方法

漢字之出現，據出土文物顯示，距今已有五千多年歷史，〔註8〕然由於古今異世，文字之字形、字音、字義，大抵已發生重大之變化，姑不論同字於不同時代所可能造成之差異，即使是同時代，往往也因各國獨立發展及社會變化等種種因素，而造成文字形音義上的改變。對此，許愼於《說文解字·敍》上有極佳之說解：

> ……其後諸侯力政，不統於王，惡禮樂之害己，而皆去其典籍，分
> 爲七國，田疇異畝、車涂異軌、律令異法、衣冠異制、言語異聲、
> 文字異形，秦始皇帝初兼天下，丞相李斯乃奏同之，罷其不與秦文
> 合者，……皆取史籒大篆，或頗省改。是時秦燒滅經書，滌除舊典，
> 大發吏卒，興戍役，官獄職務繁，初有隸書，以趣約易，而古文由
> 此絕矣！自爾秦書有八體：……〔註9〕

---

〔註 8〕 中國科學院考古研究所與陝西省博物館，於 1954～1957 年，在陝西省西安市
東滻河東岸之半坡遺址進行挖掘，出土半坡陶器，據碳十四測定爲距今五、
六千年前之實物，現今文字學者對陶器上之刻劃，初步承認其爲初始文字，
是以漢字歷史最少已有五千年之久，在日後或許有新文物出土以推翻此說，
然目前此說個人認爲是可以信從的。

〔註 9〕 請參《說文解字注》，許愼撰，段玉裁注，黎明文化，民國 80 年 8 月增訂八

是以知文字除了有其本身自然之演變，不斷地因襲、創生、或者淘汰消滅外，還受到人爲之干預而有所變化。故今日所重睹之古文字，其原本之音義爲何，已無法確切地辨認，是以需尋求一合理可靠之方法，進行文字釋讀，以恢復文字本來之面貌。個人認爲文字釋讀之方法，可以于省吾先生之《甲骨文字釋林・序》作爲引子，他說：

> 古文字是客觀存在的，有形可識，有音可讀，有義可尋。其形、音、義之間是相互聯繫的，而且，任何古文字都不是孤立存在的。我們研究古文字，既應注意每一字本身的形、音、義三方面的相互關係，又應注意每一字和同時代其它字的橫的關係，以及它們在不同時代的發生、發展和變化的縱的關係。只要深入具體地全面分析這幾種關係，是可以得出符合客觀的認識的。〔註10〕

于先生要傳達給我們的訊息不外是，文字除具備形、音、義外，其創生亦非是孤立存在的獨立體，研究古文字，應注意形、音、義間的聯繫，確切掌握它歷時與共時之演變，再加以全面地分析，即可以切近文字之本貌。當然，其中須運用歸納、比較與分析之功夫。

　　于先生之所謂縱的關係，實即指字的歷史演變，唯有弄清字形演變之跡，方能得其確解，而欲推考一字之歷時演變，除要掌握字體正常之變化外（如繁化、簡化……），尚須了解一些非正常情況下所發生之變化（如誤寫……），然不管是正常抑不正常之變化，其間當亦有因襲之跡可循。今舉「箕」字爲例：

> 《說文》：「𥴧，所以簸者也。从竹甘，象形。丌，其下也。凡箕之屬皆从箕。𠀠古文箕；𰉂亦古文箕；𠔽亦古文箕，𥫶籀文箕，𠤱籀文箕。」〔註11〕

箕，甲骨文作𠙸（乙・三四〇〇）、𠙸（乙・八六八五反）、𠙸（鐵・二一八・二），原象畚箕之形（後爲借義所專，遂加聲符丌以復其本義，其後復爲借義所專），至金文時作𠔽（九年衛鼎）、𠔽（仲師父鼎），至東周則省其形符，僅保留聲符作兀（欽罍），春秋末已出現加繁畫「一」之兀（中山王鼎），

版，頁 765、766。
〔註10〕請參《甲骨文字釋林》，于省吾，台灣，大通書局，民國 70 年 10 月初版，〈甲骨文字釋林・序〉頁 3。
〔註11〕同註 9，頁 201。

至戰國，爲求文字之美觀，任意添減筆畫、增加繁飾已非常盛行，是以其時作丌者已甚廣泛（此時亦爲借義所專），如 元（楚帛書）、元（包山楚簡），直至秦小篆，遂於「其」上加入類旁「竹」，以復其本義。

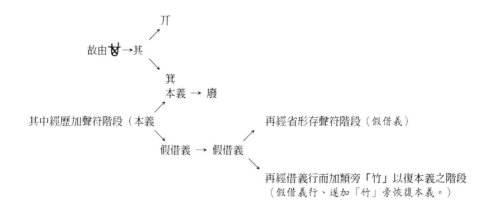

至秦小篆，「甘」遂爲「箕」

是以不管各代文字是如何地改變，若能掌握文字演變之跡，則所求之隸定字，當較能爲人所接受。這是在文字字形清楚可辨之狀況下方可施行，然而有些古文字，卻不能完全如我們所預期一般的清晰，有時殘泐不清，甚至缺損而不可邍識。故由歷時之字形比較分析，自不能奏功。又同時代所作之文章，自有其共性，例如《詩經》、《楚辭》大抵使用韻語，又同一作品中自亦有其特性，如《詩經》大抵以四字爲句，是以由文義、文例上進行推勘是必須的，於殘缺不明處，可根據相同之辭例，推勘而補之。而此運用之法，可由同時代之文獻資料中尋找，亦可由本身之辭例或內容上推勘（前者爲異源史料之比較，後者爲同源史料之比較），如此經由同時代之文獻，或作品本身之文例而推知者，其所補之字，自易爲人所接受。如楚帛書有辭作「帝曰：『繇，～之哉！』」其中第四字殘泐不清，據殘形實不可知爲何字，陳邦懷則據《尚書·呂刑》及《汲冢周書·和寤解》、《五權解》之「王曰：『嗚呼，敬之哉。』」而補「敬」字。〔註12〕今視殘形，與 敎（〈天象篇〉十一·03）字之～部同，是以知陳氏所補爲確。筆者於此方面除由同時代之作品加以推勘外，亦由楚帛書本身之文例作爲推勘之抵據，依此，則楚帛書上之殘字，

〔註12〕〈戰國楚帛書文字考證〉，陳邦懷，《古文字研究》第五輯，北京：中華書局，1981 年 1 月第一版，頁 234。

大抵可據以推得。

　　清楚之字或殘缺之字，據上法隸定或補進後，再將其置回原位，就文義上進行釋讀，若句句釋義可通，則所隸定之字當可據，若扞格不明，於其牴牾處則可能有假借之嫌，遂進而求其假借之由。如楚帛書〈天象篇〉中之「卉木亡尚」（一・31～33，二・1），推勘此篇大抵是述說德匿、嬴絀之事，因日月星辰運行失序，是以造成種種災異，加以此句上有「德匿不得其當」、「嬴絀亂逆」等句，據此推斷「卉木亡尚」之「尚」爲「常」字之假借。《說文》：「常，下群也。从巾，尚聲。」〔註13〕常从尚得聲，知常、尚音同。常、尚，古音同爲禪紐、陽部，〔註14〕知尚、常可假借。《㲃方鼎》：「烏虖！朕文考甲公、文母日庚弋休，則尚（常）安永宕乃子㲃心，安永襲㲃身。」〔註15〕證知「尚」與「常」通，則帛書「尚」字可解矣！

　　由字形推考隸定其「形」，並論及其「音」之後，即可進而言其「義」，將所隸定之字置回原位，推考其音有無假借，再進而就辭例上推勘，並證之出土實物，如金文、楚簡、金石刻文或傳世載籍中，有相同字作相同之說解以爲佐證。相信經過如此之研求，所得之文字考釋，當較能爲人所接受。其中運用了對照法、比較法、推勘法、偏旁分析法、辭例勘驗法。有的字單用一種方法即可釋出，有的則須運用二個、三個，甚至全部之方法，方可得出結果來。至如字殘或缺損，或字全而奇古非筆者所能釋時，蓋付闕疑，以俟後之方家補正，筆者認爲這是使古文字恢復本貌的必要表現方式，亦爲考釋古文字時所應堅持的。猶如許愼撰《說文解字》，於其形、音、義有所不知者，則以「闕」表之。〔註16〕

　　綜上所論，筆者將之簡結如下：

1. 進行字形之歷史比較：必要時理清形體演變之跡，當對文字之正常演
   變，及不正常之人爲變化有所了解。戰國文字雖處混亂之局面，然其

---

〔註13〕同註9，頁362。

〔註14〕本論文所採用之上古音，以郭錫良先生之《漢字古音手冊》爲主。該書參考多家古音學著作，而以王力之說爲主。郭氏並根據多年教授漢語史之經驗，對參考之古音學著作作了必要之增補、修改，而編成是書。當今學者，竺家寧先生認爲於研究上古音時，此書可資用以參照。綜上，是以筆者採用此書，以爲文中標列上古音之範本。《漢字古音手冊》，北京大學出版社，1986年11月第一版。

〔註15〕《金文總集》（二），嚴一萍，藝文印書館，民國72年12月初版，頁670。

〔註16〕《說文解字・敍》：「其於所不知，蓋闕如也。」出處同註9，頁773。

並非一時一地一人所能獨創，當代各國文字自有其上襲之文字，是以其時各國文字除有其獨特性外，尚有其形體演變之客觀性，故通過字形之比較，理清形體之演變，有助於文字之隸定。

2. 進行字音之審查：將字置回原位，進行粗步釋讀，有牴牾處則證之是否有通假或假借。亦即要知古音，以明假借，古文字（特別是戰國時代）假借之現象甚爲普遍，故知古音，以明其所以假借之由，是釋讀文字所不可或缺。

3. 進行字義之推勘：將已隸定及明白有無假借後之字置回原位，進行文例推勘，視其是否符合文例、文義，若吻合，方爲可信。

4. 徵之古籍或出土實物之記載：不僅要求字同、義同，若有假借，亦要求其假借字同。

5. 闕疑：遇到非筆者所能解者，蓋付闕如，以俟後之方家補正。

以上所述，不能說是如何之完備，但用於釋讀古文字（戰國時期），自忖當能收到預期之效果。最後簡略地將筆者日後行文之順序，述之如下：

首列帛書字形。再列兩周金文、戰國楚簡、漢簡、漢帛書、金石刻文之字形（以上之字擇要爲之，視情況而定，必要時或引用甲骨文，以前述之法隸定之）。再求其是否有假借，若有，則明其所以假借之由。末則徵之古籍或出土實物記載（要求字同、義同，若有通借，亦求其借字同。以兩周作品爲主，必要時再由其上或其下時代之作品中尋找）。

## 二、非文字釋讀方面之方法

這部份所要解決的是非文字釋讀方面之方法。杜維運先生在論及史學原理時云：

在治史的基本態度上，應「多聞闕疑，慎言其餘」；選擇史料，應置原書於優先地位；考證史料，應「旁參互證」……凡此，都是極有價值的史學原理。〔註17〕

杜先生之言，指的雖是治史方面，但筆者認爲，做任何研究都應當具備此態度。其文中不外透露三項訊息：

---

〔註17〕《史學方法論》，杜維運，三民書局，民國 81 年 7 月第十二版，頁 1。

其一、多聞、愼言。

其二、以第一手資料爲優先選擇。

其三、考證時，須就所得資料作縱橫相互參證。

除第一項爲勉勵、勸戒之語，無關方法之研求，此處不舉外，今日之研究當以第二、第三項爲準據，儘量摒除專家權威之束縛，信任專家說法自有其道理，但過份信守則反而難以看出其間之缺失，就個人閱讀資料發現，某項信息由某一專家學者道出，則此信息便如風行草偃般地爲人所傳述、採用，而忘卻推敲其中之眞實性與可靠性。於此個人將以客觀之態度，全盤接收各個相關但論點不同之資料，再進行比較分析，以尋出其較近事實者。筆者擬用之比較法分由二種方式爲之：

其一：爲同源資料之比較：同源資料作者雖然不同，但所述事物之出處相同，故可加以比較。亦即將同一種資料之各種不同版本相互比較。包括當事人當時之記錄及事後之回憶。

其二：爲異源資料之比較：包括 1. 地下材料與紙上材料之比較。2. 地下材料與傳聞資料（包括當事者之回憶）之比較。任將二者放在一起作比較，期能互相印證，互相發明，紙上材料及傳聞之正確與否，當可直接得到證明。如《史記·殷本記》所記殷代帝王的世系，經甲骨文出土後，王國維〈殷卜辭中所見先公先王考〉和〈續考〉已訂其誤。

運用同源史料之比較，可知其異同，比較時將多項同源資料兩兩交互比對，若二者均同，或相似較多之處，其結果自較易爲人所接受，其相異處則難斷定誰是誰非，於此則有待異源資料之比較了。運用異源資料之比較，特別是與地下出土材料之比較，則傳說或載籍所書相關事件之眞僞立可明辨。當然在運用比較法時，還須經過嚴密地分析，畢竟多數未必代表正確的一方（此就同源比較言）。與出土實物相扞挌，也並不必然爲僞，尙須判斷出土物是否可靠，亦即非後人之作僞，經此流程相較所得之結果當可爲據。筆者於眾說紛紜處，亦將依此爲論證之途徑。

帛書出土跟隨而來之諸多問題，說已詳前，其間屬雜相亂，實難以理清頭緒，針對此諸多問題進行資料之收集，筆者擬分三部份進行：

其一：昔日盜掘帛書出土之人，他們回憶有關帛書出土情形之說詞，包括墓葬形制、棺槨數目、盜洞情形、帛書於墓中擺放之方式、陪

葬禮器及其它相關性說詞。

其二：一九七三年湖南省博物館，對出土楚帛書之墓葬所作之科學挖掘報告，包括墓葬形制、棺槨數目、棺束、座向、陪葬禮器及其它相關性之報告。

其三：前輩學者研究楚帛書，所提及之說詞。

此三項資料中，當以第二項為根柢，以與眾說作比較，畢竟經由公開、科學、按部就班挖掘、記錄、整理而得之客觀資料，當能令人信服。以此次挖掘所得之各項資料，與傳言中某項相關之資料相較，其同者，則可證知傳說之可信，據此可進一步探討傳說中言及，而對出土楚帛書之墓葬作科學挖掘時未發現之資料，可據以作為補充之用。其異者，自知傳言之不足據。如有言及帛書在墓中擺放之方式為平舖，今視帛書影本，明顯有多道規則折痕，知帛書係折疊存放，故平舖之說不可信。據此進行比較，可解決不少久懸未決之問題，至如挖掘報告未言及或發現之處，恐為昔日盜挖時被取出，此則又有待進行同源資料之比較了，將此法移於前輩學者研究帛書時所述及之事，亦有助於推勘其真偽。

綜上所述，研究時當進行廣博之資料蒐集，並儘量以原始資料為優先，將之進行同源、異源資料之比較，經過嚴密分析，自可得出令人接受之結果。此為筆者在非文字釋讀方面之研究方法。自知個人所採用之研究方法，難稱完密，但不可諱言的是「方法」是沒有盡善盡美的，正因如此，我們所作的研究，才能在日後所建構更完備的方法論中，得到更進一步成功的可能。

## 第三節　前人研究成果

楚帛書摹本及照片之面世，先後有三階段明顯之劃分。

### 第一階段

楚帛書第一份摹本，出現於民國三十三年蔡季襄先生之《晚周繒書考證》中，為蔡氏長子蔡修渙憑目驗帛書原物臨寫而得，〔註18〕因帛書深埋土中二

---

〔註18〕〈晚周繒書考證自序〉：「甲申夏，倭寇犯長沙，僕舉室避居南鄉石林塘，……乃於痛念妻女之餘，檢點行篋，得舊所藏長沙出土晚周繒書，及漆盤、劍韜、銅劍、竹笈等名貴影本數幀，爰加董理，釐定次序，附以考證，并詳明尺度，命長男修渙，照原本測繪成圖，為晚周繒書考證一卷。」文見《晚周繒書考證》，蔡季襄，藝文印書館，民國61年6月初版，〈晚周繒書考證自序〉頁1。

千餘年，出土時，顏色消褪，文字辨識不易。〔註19〕是以摹本殘泐缺文甚多，臨寫筆誤屢見不鮮。蔡季襄憑此臨寫本自作考釋，其成效自是不彰。

　　蔡書首列圖版，有繪書之墓葬、竹笈、……等，所附墓葬圖，與一九七三年湖南省博物館對此墓所做之科學挖掘，顯有出入。〔註20〕次言〈繪書考證〉，蔡氏誤神像旁之文字爲神名及其注釋，據筆者研究所得，神像旁之文字非神名，亦非其注釋。外層係十二段自爲起訖之文字，以「日」起首，繼以各該月月名領起，〔註21〕敘述各該月行事之宜忌，末以扁方框作結，所記似於月令一類，蔡氏以之爲注釋，恐值商榷。於內層，每段文字各有相對之章題三字，除首字爲月名外，其餘二字爲各該月最適宜或最忌諱之事，〔註22〕而蔡氏誤以爲神名。再次言〈繪書釋文〉，因其子之臨寫本殘誤甚多，如「故」摹作「𣪏」，蔡氏據之隸作「敁」，並引《六書通》敁亦作拙，而釋爲拙。凡此因其子臨寫錯誤，而蔡氏誤釋者甚多，故其釋讀成效不彰。再言及〈繪書圖說〉、〈繪書墓葬〉、〈繪書書笈〉及隨葬器物等。

　　蔡修渙之帛書臨寫本錯誤既多，其後據此寫本而研究之學者，彼此間輾轉相摹，誤失彌多，是以至一九五二年，美國佛利爾美術館之楚帛書彩色照片出現以前，有關楚帛書之論著，成效普遍不彰。

　　蔡氏此書於研究成效上，或不盡如人意，然其開山之功，利輔學者更進一步之研究，其價值自不待言。此階段之其它論著，所可表者有：陳槃先生之〈先秦兩漢帛書考（附長沙楚墓絹質采繪照片小記）〉，〔註23〕考證帛書中若干圖像爲《山海經》中所述之神物；次如饒宗頤先生之〈長沙楚墓時占神物圖卷考釋〉，〔註24〕認爲楚帛書爲「楚巫占驗時月之用」，施之於葬乃爲「鎮

---

〔註19〕 蔡氏言：「書係絲質，因入土年久，已呈深褐色，幾與文字相含混，……且模糊剝蝕之處甚多，以致文理不完，無法釋讀，殊爲憾事。」同註18〈繪書考證〉頁1。

〔註20〕 〈長沙子彈庫戰國木槨墓〉，湖南省博物館，《文物》1974年第二期，頁36～43。

〔註21〕 繪書〈宜忌篇〉十二段文字之起首，爲《爾雅・釋天》所載之十二月月名，首由李學勤發現，請參〈補論戰國題銘的一些問題〉，《文物》1960年第七期，頁68。

〔註22〕 請參拙著〈楚帛書〈宜忌篇〉文字考釋〉，第五屆中部地區中文研究生論文發表會，民國83年12月18日。

〔註23〕 〈先秦兩漢帛書考（附長沙楚墓絹質采繪照片小記）〉，陳槃，《中央研究院歷史語言研究所集刊》第二十四本，民國42年6月，頁185～196。

〔註24〕 〈長沙楚墓時占神物圖卷考釋〉，饒宗頤，香港大學《東方文化》第一卷第一期，1954年1月，頁69～83。

壓邪魅」，爲首先言及帛書之性質者；再如董作賓先生之〈論長沙出土之繪書〉，﹝註25﹞其認爲楚帛書之擺置當以十三行文爲正置，首先推翻蔡季襄以八行文爲正置之說法，使得楚帛書之擺置方式，爲學者所關切重視。

### 第二階段

　　爲美國佛利爾美術館於一九五二年拍攝楚帛書原物之全色彩色照片。據照片摹寫之摹本先爲刊行，而照片則遲至一九六四年，方由商承祚先生於《文物》上刊布，﹝註26﹞爲楚帛書之研究注入新血。因此次照相技術有所局限，是以文字殘渺不清部份亦甚多，然已較蔡本存眞。據此而研究者，其成效自較據蔡本研究者爲佳。此階段之摹本，除商氏於《文物》上有其套色之自摹本外，又見於梅原末治、﹝註27﹞饒宗頤、﹝註28﹞諾埃爾‧巴納德、﹝註29﹞李學勤、﹝註30﹞……等之論著中。此階段之研究，大抵著重於文字之考釋，如饒宗頤先生之〈長沙出土戰國繪書新釋〉，﹝註31﹞於釋讀文字之外，此階段研究論著所可表者，有：梅原末治先生之〈近時出現的文字資料〉，﹝註32﹞所附之楚帛書摹本，爲此階段刊行之第一份摹本，唯僅及八行文之局部；次如諾埃爾‧巴納德先生之〈楚帛書初探──銘文復原〉，﹝註33﹞文中利用棋格式之方法，試爲恢復楚帛書之行款而作出貢獻；再如李學勤先生之〈補論戰國題銘的一些問題〉，﹝註34﹞發現楚帛書邊文十二月爲《爾雅‧釋天》所載之十二月月名，於十二段邊文性質之研究上，往前更推一步；末如陳夢家先生之〈戰

﹝註25﹞〈論長沙出土之繪書〉，董作賓，《大陸雜誌》第十卷第六期，民國 44 年 3 月出版，頁 173～177。

﹝註26﹞請參〈戰國楚帛書述略〉，商承祚，《文物》1964 年第九期，圖版壹至圖版肆。

﹝註27﹞〈近時出現的文字資料〉第四節〈長沙的布帛文書與竹簡〉（日文），梅原末治，日本平凡社《書道全集》卷一，昭和 29 年 9 月 25 日（1954 年）。

﹝註28﹞〈長沙出土戰國繪書新釋〉，饒宗頤，《選堂叢書》（四），香港義友昌記印務公司，1958 年。

﹝註29﹞〈A PRELIMINARY STUDY OF THE CHU SILK MANUSCRIPT-A new reconstruction of the text〉，諾埃爾‧巴納德，《華裔學志》第十七卷，1958 年，頁 1～11。

﹝註30﹞〈戰國題銘概述〉（下），李學勤，《文物》1959 年第九期，頁 58～61。

﹝註31﹞同註 28。

﹝註32﹞同註 27。

﹝註33﹞同註 29。

﹝註34﹞〈補論戰國題銘的一些問題〉，李學勤，《文物》，1960 年第七期，頁 68。

國楚帛書考〉，〔註35〕認爲楚帛書與古代月令等文獻之性質相近，並應屬於戰國中期之楚月令，爲專門研究楚帛書性質之先聲。

## 第三階段

爲美國紐約大都會博物館，於一九六六年攝制帛書原物之紅外線照片，此由阿克托科學實驗公司，以航空攝影用之紅外線膠片所拍攝，圖文異常清晰，以往帛書摹本、彩色照片之殘痕不清處，於此蓋可清晰見之（除折痕殘去、斷落及少數不清外，餘均可清晰見之）。據此而研究者，其成果自較近正。此階段之論著甚多，專書部分蓋有（依時間先後爲序）：

### 一、諾埃爾・巴納德之《楚帛書譯注》〔註36〕

文分四部份，首述〈楚帛書之發現〉，其所述爲據當時之傳言及蔡季襄先生《晚周繪書考證》中所言，今依一九七三年湖南省博物館之科學挖掘，〔註37〕知巴納德所述之墓葬結構與原墓差距甚大，知其說之不可信；次述〈楚帛書之書法與字體〉；再次及楚帛書之〈翻譯與箋注〉，將當時所可收集到各家之文字說解，擇字敘述比較之，類似今之綜合說解；最末爲〈楚帛書之韻律〉。巴納德因斷句之失，其韻字亦多所訛誤，李棪《評巴納楚帛書文字的韻與律》，〔註38〕即是針對此點而發。附錄則列各家摹本之比較。巴納德此書以文字爲主，所可表者，爲其首創文字棋格處理法，以明楚帛書之行款字數，爲對楚帛書研究之一大貢獻。

### 二、李零《長沙子彈庫戰國楚帛書研究》〔註39〕

此書分三部份言之，首言〈楚帛書研究之概況〉，將諸家論及有關楚帛書出土及流外經過之資料，綜彙比較其異同，唯未進一層探討何者爲眞，或發新見；次述〈楚帛書之結構、內容與性質〉；末爲〈釋文考證〉。書中論及楚帛書之置

〔註35〕〈戰國楚帛書考〉，陳夢家，《考古學報》1984年第二期，頁137～157。此篇爲作者之遺作，作於1962年。
〔註36〕《THE CHU SILK MANUSCRIPT-Translation and Commentary》 Noel Barnard Published by Deparment of Far Eastern History Reserch School of Pacific Studies Institute of Advanced Studies The Australian Nation University Canberra．1973．
〔註37〕同註20。
〔註38〕〈評巴納《楚帛書文字的韻與律》〉，李棪，香港中文大學《中國文化研究所學報》第四卷第二期，頁539～544。
〔註39〕《長沙子彈庫戰國楚帛書研究》，李零，北京：中華書局，1985年7月第一版。

圖方向，認爲董作賓於〈論長沙出土之繪書〉〔註40〕中所言，讀圖順序應以十三行（〈天象篇〉）爲先讀，李氏認爲「完全正確」。〔註41〕實此說仍待商榷，據今資料顯示，應以〈四時篇〉（即所謂之八行文）爲先讀（詳本論文第四章）。此書之釋文，僅檢選少數字爲之，難以窺見楚帛書之內容大意。此書末尾有文字索引，間或附以某家之隸定，唯所引甚爲簡略，難以補其釋文之不足。

### 三、饒宗頤、曾憲通編著之《楚帛書》〔註42〕

此書爲由六篇單篇論文（包括〈楚帛書文字編〉）所構成，其一爲〈楚帛書新證〉，爲饒宗頤對楚帛書所作之釋文。分段爲之，引證甚是詳盡，唯未統言其內容，使人難以窺知帛書所言之大意。其二爲〈楚帛書十二月名與爾雅〉，文中述說十二月名之得名原由，側重引用《爾雅義疏》所言；其三爲〈楚帛書之內涵及其性質試說〉；其四爲〈楚帛書之書法藝術〉，饒氏認爲帛書文字介於篆、隸之間，其說甚是，以上四篇爲饒氏之作。其五爲〈楚帛書研究四十年〉，乃曾憲通就楚帛書出土迄一九八五年與饒宗頤合編《楚帛書》止，所可見之楚帛書論著，集而錄之，所收甚爲宏富。唯自該書出版至今已近十年，其間所可增補之論著尚多；其六爲〈楚帛書文字編〉，爲曾氏就楚帛書文字，按筆劃編排以便檢索之作，其間或有單字之考釋，每能發其新義。此篇於一九九三年二月，以書本型式刊印行世。〔註43〕《楚帛書》所述之內容甚廣，然書中各篇論文，沒有必然之聯繫關係，是其缺失。至今楚帛書之摹本，公認以饒宗頤本爲最佳，此爲今所可據以引用者。

綜上所述，此階段各書之釋文，大抵有一相同之缺失，即〈宜忌篇〉（邊文）各章章題，學者均未能與各該章內容並列說解而將二者分別看待之，加以各書說解或有引經據典者，然均未能於文末申明其大意，易使人有不知如何貫串全文之感。更甚者，除《楚帛書》外，所爲釋文或釋東缺西，提跳說釋，有避難趨易之傾向。至如釋文之外，其餘所述，各有詳略。引證不同，其間或有同異，此又不勝枚舉。

專書之外，於書中另闢單元介紹楚帛書者，如許學仁先生之《先秦楚文字研究》上編第二章〈楚繪書概述〉，〔註44〕於墓葬形制方面所據之資料，與

---

〔註40〕同註25。

〔註41〕同註39，頁14。

〔註42〕《楚帛書》，饒宗頤，曾憲通，香港：中華書局，1985年9月版。

〔註43〕《長沙楚帛書文字編》，曾憲通，北京：中華書局，1993年2月第一版。

〔註44〕文見《先秦楚文字研究》，許學仁，台灣師範大學國文研究所碩士論文，1979

一九七四年湖南省博物館於《文物》發表之簡報，顯有出入。於下編〈考釋篇〉擇帛書文字二十一字進行考釋，則極具參考價值，唯與楚帛書整帛九百餘字相較，其份量稍嫌輕耳；次如高明先生之《中國古文字學通論》第八章第二節〈繒書〉，〔註45〕爲由刊載於《古文字研究》之〈楚繒書研究〉〔註46〕改訂而成。於釋讀方面極具參考價值；再如饒宗頤、曾憲通兩位先生合著之《楚地出土文獻三種研究》書中之〈長沙子彈庫楚帛書研究〉，〔註47〕係由二者先前合編出版之《楚帛書》，經過修改並增益四篇論文而成，所可表者爲對楚帛書論著篇目之蒐集更爲宏富；末如李學勤先生之《簡帛佚籍與學術史》書中第二篇〈楚帛書研究〉，〔註48〕係由六篇論文所構成，爲由昔日發表之論文集錄而得，各篇之間亦無必然之聯繫關係。

於此之外，至如單篇論文。或道內容、或述性質、或及其相關性問題，……等等，爲文甚是繁雜，各有所偏重，此又無須贅述矣！

## 第四節　楚帛書影本之選擇與章節安排

### 一、楚帛書影本之選擇

研究之基，自應以最原始之材料爲主，然筆者所研究之楚帛書，原物至今仍留滯美國，以筆者之能力，自不能得此寶物以爲研究之用，是以退而求之於帛書摹本及照片。今由本章第三節得知，楚帛書之研究蓋依摹本、照片之出現而分三階段，各階段之優劣，文中業已詳明，是以筆者於材料之選擇以第三階段之紅外線照片爲主。今又因照片之取得不易，是以檢選紅外線照片之影本，作爲研究楚帛書之底本。爲防照片因出版時印刷失眞，筆者以當時負責規劃拍攝楚帛書紅外線照片之指導人——諾埃爾·巴納德，於其一九

年 6 月，頁 59～76。
〔註45〕文見《中國古文字學通論》第八章第二節〈繒書〉，高明，文物出版社 1987年 4 月第一版，頁 510～530。
〔註46〕〈楚繒書研究〉，高明，《古文字研究》第十二輯，1985 年 10 月第一版，頁363～395。
〔註47〕文見《楚地出土文獻三種研究》饒宗頤、曾憲通合著，北京中華書局，1993年 8 月第一版，頁 229～362。
〔註48〕文見《簡帛佚籍與學術史》，李學勤，時報文化出版，1994 年 12 月 20 日，頁37～104。

七三年出版之《楚帛書譯注》中所附之楚帛書紅外線照片，局部六幅、全圖一幅，與研究楚帛書已四十餘年之香港學者饒宗頤先生，於其《楚帛書》中所附之紅外線照片，局部六幅、全圖一幅及放大本。以此二者相互參校，以求切近楚帛書之原貌。〔註49〕

## 二、章節安排

第一章〈緒論〉。蓋言此論文研究之動機、目的，研究方法，前人研究成果與本論文章節安排之理。

第二章〈楚帛書概述〉。楚帛書因係出於盜掘，是以有關其出土之情形，盜掘者往往密而不宣，甚者隨意假造，致使異說紛陳，莫衷一是。以帛書出土年代為言，即有八種不同之說法，前輩學者或襲於相因，或提而未論，致使後學難以從中得到正確之訊息。至如帛書出土之地點、墓葬結構及流外之經過等等亦然。另關於殘帛書及楚帛畫，因與楚帛書同坑出土，是以藉此介紹之，此章除臚列諸家異說外，並進而考證何者為確，或更進一步推翻舊說。細忖楚帛書之來自及其特殊之結構，為研究楚帛書之基本問題，是以今列之第二章，以「概述」統之。

第三章〈楚帛書國別、年代之推判〉。明瞭帛書之出土、流傳等情形後，欲進一步研究帛書之內容、性質及其相關性問題，勢必先推判帛書為何時？何地？之實物，以為研究推論之基。是以於「概述」之後，第三章接言及帛書之歸屬問題。

第四章為〈楚帛書置圖之方式〉。楚帛書係一結構非常特別之實物，以其佈局為中間兩篇正反直書之文章，邊文為十二段文字與十二神像相間環繞，四隅分繪青、赤、白、黑四木等所構成。因此特別之結構，使其擺置之方式呈現多種可能，歷來研究帛書之前輩學者，對楚帛書擺放方式有二說法：一為以〈天象篇〉為正置；〔註50〕一為以〈四時篇〉為正置，〔註51〕互有其所

---

〔註49〕若以帛書文字、圖像之清晰度言，據以紅外線照片為研究，實較據帛書原物所作之研究為可靠，帛書出土幾年，蔡修渙憑目驗寫繪，已是錯誤百出，況今又已經歷五十餘年，帛書字跡消褪情形當更嚴重，是以個人覺得，據紅外線照片為研究對象，實勝於以帛書原物為研究對象，或許這又是原始資料不一定勝於二手資料之一證，然大體言之，資料仍以收集愈原始者愈佳。

〔註50〕以〈天象篇〉（十三行）為正置的，有董作賓、商承祚、李學勤（早期）、安志敏、陳公柔、陳槃、李零等人。

據之說詞。然以何者爲確？筆者擬先就楚帛書文字本身所反映出來之四時、方位加以釐定。再敘及楚曆建正問題，以求做爲方位釐定之一支持證據，再就帛書文字所反映之現象，及長沙楚墓（由第三章已論證出帛書爲長沙楚人之物）方位之特徵等等，從而論斷〈四時篇〉先於〈天象篇〉之理，實則楚帛書擺置之方式，爲理解帛書之一大鈐鍵。今此章除由帛書本身據以推得其擺置之方式外（第三節一、二、三），餘皆須立基於第三章帛書歸屬之研判上，再進一層之研究，是以將「帛書置圖之方式」列於帛書歸屬研判之後，故列之於第四章。

　　第五、六、七章爲文字之考釋，研究楚帛書，其最基本之問題便是文字之隸定，不知其所書之字爲何，自無從得知其內容梗概，而諸多關鍵性問題，亦無從得其確解，是以文字隸定爲研究之基。楚帛書文字之考釋，前輩已多所論及，然舊說或釋形未盡、或詮義未安、或隸定而無釋、或爭疑而不決。於此綜考諸家之說，或釐前人之誤、或踵事增華、或申明己意，期爲楚帛書作一全面之釋讀。楚帛書文字分三部份：即〈四時篇〉（八行文）、〈天象篇〉（十三行文）及〈宜忌篇〉（邊文），今第四章已證明帛書擺置之方式是以〈四時篇〉爲正置，故吾人以〈四時篇〉、〈天象篇〉、〈宜忌篇〉等三篇，按序分隸五、六、七章，進行文字之釋讀，釋讀方式爲以段落分章節，逐字爲之。前已出現之字，則略去不論（除說解有異者外），其餘，尚存殘形或不可遽識者，則首求字形安：臚列兩周金文、戰國楚簡、及石經刻文與之相較，證明隸定字之可信；次求字音安：假借者，則明其所以假借之由；再次求字義安：求義能順暢；最末求之古籍或出土實物有載，並統言其大意，務使通讀而後止。至於殘泐缺文，依文例（義）可據而推者，則補之；不可推知者，概付闕如。

　　第八章〈楚帛書圖像試析〉。則論述十二神像各爲何神（儘可能與出土文物對照），並闡明四木何以如此安排之理。

　　第九章〈楚帛書之性質及墓主身份〉。此二者均須以前面數章之研究所得爲基礎，是以列在「結論」之前。於性質方面，則就前輩學者所論，據以評其是非，再進一步提出自己之看法。末則試爲探討出土帛書之墓主身份。墓主身份，一般爲學者所忽視，據此而論之專文尚未見及，今此墓出土如此特

〔註51〕以〈四時篇〉（八行文）爲正置的，有蔡季襄、饒宗頤、李學勤（晚期）、何琳儀、諾埃爾‧巴納德李零等人。

別之帛書，其墓主之身份勢有探討之必要。是以於對帛書及其相關問題進行介紹與研究之後，於此據以爲試探墓主之身份，以使此論文更臻完備。因墓主身份與帛書之性質息息相關，加以須立基於前面數章研究之所得，是以同列之第九章。

　　第十章〈結論〉。擬總述前面之研究，首就帛書文字字形所反映出來之現象，談其文字特色，以明戰國文字多變、號稱難懂之關鍵。再則據前面諸章研究所得，以論楚帛書之價值。末則敘述此篇研究之成果及未來展望。

　　於附錄編進：

　　一、楚帛書三階段之摹本及照片影本

　　二、楚帛書摹本（筆者一九九五年八月摹）

　　三、楚帛書行款表

　　四、楚帛書歷來研究論著

　　五、楚帛書文字編

# 第二章　楚帛書概述

## 第一節　楚帛書出土之年代

　　楚帛書係三十年代於湖南長沙東郊子彈庫之戰國木槨墓中所盜掘出土，〔註1〕因係出於盜掘，是以其出土情況，往往密而不宣，致使楚帛書之出土年代，異說紛陳，莫衷一是。今依諸家發表論文先後，列其說法如次：

### 一、蔡季襄《晚周繒書考證・繒書考證》

　　近年長沙，因廣闢土地，附槨一帶，周秦陵墓，多被掘發。此項晚周繒書墨跡，即發現於東郊晚周木槨墓中，書用竹笈貯藏，折疊端正，惜出土時，土人不知愛護，致被損壞過半，故笈內殘繒斷片甚多，惟此書獨完整無闕，尚可展視。〔註2〕

又同書〈繒書墓葬〉云：

　　長沙近年，因交通事業之發展，近郊一帶山陵，往往夷爲平地，於是靈藏地中之周秦漢三代陵墓，時有發現，其中尤以晚周墓葬，其規模之宏大，構造之堅固，爲亙古所未有。……本書所載之繒書，即出自此項晚周墓中，墓位於長沙東郊之杜家坡，因築路而發現。
　　〔註3〕

---

〔註1〕請參〈長沙子彈庫戰國木槨墓〉，湖南省博物館，《文物》1974年第二期。
〔註2〕《晚周繒書考證》，蔡季襄，民國33年石印本，藝文印書館於民國61年6月依原刊本影印，爲今行世之本。請參頁1。
〔註3〕同註2，頁13。

## 二、梅原末治〈近時出現的文字資料〉

一九三〇年代後半,隨著長沙市街的發展,長沙古墓群上下有戰國與漢代兩個主要時期的遺址,各有不同的構造形態,下方,深處位置的戰國墓葬,木室外被以厚的粘土,內部充滿淨化之後的溼氣,保存狀態,意外良好,……其後,中日戰爭爆發後發現的漆器,完整的,也流入歐美,……戰後傳聞有木印遺物。至布帛文書,且流入美國。

布帛書〔案:即楚帛書〕根據蔣玄佁「長沙」一書,說是盛在竹製筐籠裏的。……這些都流落到美國去了。〔註4〕

## 三、董作賓〈論長沙出土之繒書〉

按此物出土當在抗戰以前。〔註5〕

## 四、安志敏、陳公柔〈長沙戰國繒書及其有關問題〉

抗日戰爭期間,在湖南長沙東郊杜家坡,因築路動土而發現的一座戰國墓中,曾出土了一件繒書。〔註6〕

## 五、商承祚〈戰國楚帛書述略〉

帛書發現的確實年月及地點爲一九四二年九月,墓地在東郊子彈庫的紙源沖(又名王家祖山),是一座形制不大,棺槨完整的木槨墓。

〔註7〕

## 六、諾埃爾‧巴納德《楚帛書譯注》

大約在一九三四年時,有一群由九或十人組成的小組,其中包括有二個十二到十三歲大的男孩,正從事墳墓的挖掘活動,楚帛書因而被發現。〔註8〕

---

〔註4〕〈近時出現的文字資料〉,梅原末治,《書道全集》(一),日本平凡社,昭和二十九年九月二十五日,頁35。

〔註5〕〈論長沙出土之繒書〉,董作賓,《大陸雜誌》第十卷第六期,總頁第173。

〔註6〕〈長沙戰國繒書及其有關問題〉,安志敏、陳公柔,《文物》1963年第九期,頁48。

〔註7〕〈戰國楚帛書述略〉,商承祚,《文物》1964年第九期,頁8。

〔註8〕《THE CHU SILK MANUSCRIPT—Translation and Commentary》 Noel Barnard Published by Deparment of Far Eastern History Reserch School of Pacific Studies Institute of Advanced Studies The Australian Nation University Canberra,1973,頁1。

## 七、李零《長沙子彈庫戰國楚帛書研究》

承李學勤老師見告，美國方面至今還保存著文字憑據，可以證明帛書是三十年代出土的。〔註9〕

## 八、何琳儀《戰國文字通論》

三十年代，在長沙東郊子彈庫出土的帛書，是我國最早的縑帛文字資料。〔註10〕

楚帛書之出土時間，說如前述八種，後之學者，從之者各有其人，於此不贅。今此八說，說者均未提出證據證明其說，實難令人信服。所可歎者蔡君季襄當知帛書出土之年月，唯其書僅以「近年」帶過，徒增後世紛擾。學者各憑臆斷，致使異說雜陳，益呈百家齦齦不休之勢。今筆者就所得材料，試為推論帛書之出土年代如下：〔註11〕

商承祚《長沙古物聞見記・自敘》云：

> 二十六年十一月，隨研究所迄屯溪，十二月赴婺源。二十七年二月抵長沙，欲入蜀，一夕，值陳夢家於餐館，百劫之餘，相見逾歡。夢家曰：「聞長沙近歲多出古器物，曾見之邪？……」已晤蔡君季襄，收藏尤富，舉凡黍、木、銅、匋、革、帛之屬，充斥其間。異物奇器，多所未見，始訝長沙古物，信有駕乎中州也。為留四閱月，假各家所藏，攝景存之。……繪黍器華文及日間聞見筆之於書，每慨鄉人任意盜掘墓，器物殘毀無論矣！其重要文化、禮經發明，同歸于盡。……離校久，擬入蜀後，遄反長沙，續其未竟。疇知抵巴蜀之日，即徐州淪陷之時，此願難遂，終成泡景。于成都整理所得，箸楚黍器專集，及長沙古器物圖錄，因印刷困難，未能蕆事。已而長沙遭空前浩劫，繁盛區域，悉付一炬。錢左寓居，或未波及，季襄事先赴海上，古物

〔註 9〕《長沙子彈庫戰國楚帛書研究》，李零，北京：中華書局，1985 年七月第一版，頁 9。

〔註10〕《戰國文字通論》，何琳儀，北京：中華書局，1989 年四月第一版，頁 146。

〔註11〕筆者於下文採用商承祚之《長沙古物聞見記》以為推論楚帛書出土年代之材料，而捨棄商氏於〈戰國楚帛書述略〉（出處同註 7）所言之帛書出土年代。其因蓋為商氏所言之年代，為據自稱昔日曾參與盜掘帛書出土之人之回憶所得，準此，則其說似當可信。然觀之巴納德之《楚帛書譯注》（出處同註 8），其所言帛書出土年代，亦據自稱昔日曾參與盜掘帛書出土之人之回憶。二氏之所據同，然二氏所得之帛書出土年代卻相異（一為 1942 年 9 月，一為 1934 年），是以筆者捨棄二者所據之年代，退而由相關資料來推求。

視爲不甚珍重者，必存家中，當成灰燼矣！于時得金陵書，寒齋所藏，亦復蕩然。半生集聚，付諸流水。傷舊物之既逝，嘆新器已劫灰。……古器曷獨不然，雖物之長不易，毀棄速而保存難，盡力以勝天，則佳有出其質以營其漸減。丁茲國難，日在摧殘之中，流傳尤當急務。圖錄未成，乃董理札記，爲《長沙古物聞見記》二卷。〔註12〕

錄此，僅爲說明四事：

其一：商承祚於民國二十七年二月抵長沙，晤蔡季襄，遂得以見蔡氏之收藏。

其二：商承祚慨歎古器之不易保存，遂以四個月之時間，留滯長沙，將其所親見之古器物，繪影存之；〔註13〕聞見之事，筆之於書。擬爲《長沙古器物圖錄》，唯印刷困難，未能成事。商氏於民國二十七年六月入蜀，未久，長沙即遭空前浩劫。

其三：長沙遭倭寇侵擾，季襄舉室避難上海。〔註14〕依時間判斷約爲民國二十七年六月下旬以後。

其四：商氏於民國二十七年六月，影錄長沙古器物，擬出版《長沙古器物圖錄》，未竟。其後深感古器物保存不易，遂董理札記，爲《長沙古物聞見記》二卷。〔註15〕是則此書所載器物之內容，最遲爲民國二十七年六月，其入蜀之前。

---

〔註12〕《長沙古物聞見記》，商承祚，文海出版社，民國60年12月初版，散見頁30～33，此書係依民國28年原刊本影印，說詳該書封面。

〔註13〕商氏所據以爲攝影存之之器物，如其自敍所言，其云：夢家曰：「聞長沙邇歲多出古器物，曾見之邪？錢君吉甫有所藏，明晨曷同往觀！」數日後，夢家赴昆明，予因吉甫識左君黌齡，錢藏泉幣頤，閒貯匋銅。而左專于古匋，搜羅近二三百種，亦及它質。已晤蔡君季襄，收藏尤富，舉凡桼、木、銅、匋、革、帛之屬，充斥其閒，異物奇器，多所未見。同註12，頁30～31。

〔註14〕商氏原文作「季襄事先赴海上。」余疑「海上」當爲「上海」之誤。其證爲：蔡季襄《晚周繒書考證》，書後錄有〈長沙蔡烈婦傳〉，詳述蔡氏一家，於抗戰期間逃難之經過，文云：「上海淪陷，舉家仍流寓不得去。」就該文所載時間推算，季襄舉家避難上海時，正是民國27年，與商氏之文正合，知商氏之「海上」，當爲「上海」之倒乙。

〔註15〕《長沙古物聞見記》一書，首次刊印於民國28年，該書封面頁文云：本書亦金陵大學中國文化研究所叢書之一。作者於民國26年過長沙時，訪求出土古物，就聞見所及，筆之於書，并假各家珍藏之楚漢墓所掘出之古物，舉凡桼、木、銅、匋、革帛之器，一一攝景存之，共分十九類，九十三則，均詳加考證，實爲考古學者必備之書。茲依民國28年原刊本景印。今行世之本，出處同註11。

又商承祚於其〈楚墓五則〉云：

> 民國二十七年二月，予由婺源裡蕉鄉來長沙。識錢吉甫无咎，介於
> 蔡君季襄，蓋皆嗜古之士也。蔡君收藏尤富，近年長沙南北門外所
> 出古冢，蔡君多目睹，于二十五年一月，曾親與晚周楚墓發掘，記
> 其文，載于長沙大晚報考古闌。〔註16〕

是知商氏，確於民國二十七年抵長沙，並因錢吉甫之介，與蔡季襄相識，
商氏遂得窺蔡氏之收藏。又：

> 季襄云：「十七年，北門外發現楚墓一座，制甚偉，……後有石門，
> 牢不可開，鄉人欲破入，聞共黨至，群作鳥獸散。」〔註17〕

是知盜發長沙古墓，載於書者，自民國十七年起即有之，此季襄所可得
聞見。及至民國二十七年後，季襄舉家避難上海，轉徙流離七載，至民國三
十三年春，始由閩返回長沙。其避難經過，〈長沙蔡烈婦傳〉述之甚詳，云：

> 季襄嗜考古，精鑑賞，所交多國內外知名士。上海淪陷，舉家仍流
> 寓不得去，而季襄為寇所屬目，慘被拷掠，瀕死者再，後徙蘇州，
> 復遷鄞縣。三十三年春，始輾轉由閩間道歸長沙，流寓七載，……
> 俄寇犯長沙，罄室避走石林塘，又走興馬洲。洲當湘潭孔道，甫至，
> 寇已陷湘潭矣！〔註18〕

由是，季襄流寓在外七年，民國三十三年春始返回長沙。換算時間，季
襄舉家避居上海之時間，為民國二十七年。今楚帛書出自長沙，而季襄避難
在外七年間未回長沙，自不易得到，是知季襄於民國二十七年避居上海起，
至民國三十三年春返回長沙止，此期間內不能得此寶物。季襄於民國三十三
年春，舉家返回長沙，該年夏季，倭寇再犯長沙，季襄言其經過，並述《晚
周繪書考證》之所由作，言之甚詳，云：

> 甲申夏，倭寇犯長沙，僕舉室避居南鄉石林塘，祖塋在焉。地當長
> 潭交通孔道，旋湘潭告急，不得已，再徙興馬洲。居未定，倭寇猝
> 至，淫掠屠殺，備極慘毒。……時逾仲秋，苦雨連月，陰霾慘淡。
> 加以病魔侵擾，終日困處愁城，百無聊賴。乃於痛念妻女之餘，檢
> 點行篋，得舊所藏長沙出土晚周繪書，……命長男修渙，照原本測

---

〔註16〕同註12，頁43。
〔註17〕同註12，頁69。
〔註18〕同註2附錄。〈長沙蔡烈婦傳〉，新化晏子後。

繪成圖，爲《晚周繒書考證》一卷。……時中華民國三十三年仲秋月長沙蔡季襄識。〔註19〕

由前述知，民國二十七年以後，季襄舉家流徙在外七年，至民國三十三年春始返回長沙，三十三年夏，倭寇再犯長沙，及至民國三十三年仲秋，季襄作《晚周繒書考證》。誠如其自敘所言，「乃於痛念妻女之餘，檢點行篋，得舊所藏長沙出土晚周繒書。」是知楚帛書，最遲當在民國二十七年已歸蔡季襄，故其自敘方言「得舊所藏」，〔註20〕足見楚帛書最遲在民國二十七年即已出土。

又〈繒書墓葬〉云：「長沙近年，因交通事業之發展，近郊一帶山陵，往往夷爲平地。……本書所載之繒書，即出自此項晚周墓中。」〔註21〕由戰備而言，大量築路，當在戰亂發生之前爲戰備而作，故季襄所謂「近年」，當指長沙淪陷以前。誠如商承祚所言，「二十七年二月抵長沙，……爲留四閱月，擬入蜀，遄反長沙，續其未竟。疇知抵巴蜀之日，即徐州淪陷之時，……已而長沙遭空前浩劫，繁盛區域，悉付一炬。」〔註22〕是知長沙遭劫，爲民國二十七年六月商氏入蜀後不久之事。

又《長沙古物聞見記》，係商承祚於民國二十七年六月入蜀前，訪觀錢吉甫、左堃齡及蔡季襄等所藏器物之筆記，〔註23〕於入蜀後，方董理成書。〔註24〕今此書載有蔡季襄所藏銅劍一把，其云：

蔡氏藏劍一，有黍鞘玉珌，緱有纏組，外盛木櫝，全制之劍也。二十六年十月出東南郊魏家沖楚墓，櫝蓋面中高上平而兩端下隨，前

---

〔註19〕同註2，〈晚周繒書考證自序〉。

〔註20〕董作賓言蔡季襄定楚帛書之名爲「繒書」時云：「蔡氏曾親手收藏賞玩，摩挲已久，其定名『繒書』，當極審慎。」是知蔡季襄在定楚帛書名爲「繒書」前，帛書在季襄手中，當有相當長一段時間。董氏之文，出處同註5。

〔註21〕同註3。

〔註22〕同註12。
《中華民國史事日誌》記載近代長沙城之情形，其云：「11，13（仁案：民國二十七年十一月十三日）……，湖南省政府主席張治中以敵寇逼近長沙，下令焚城，全市數十處同時起火。（傳11，12張接到焚毀長沙密電）（至十八日尚未完全熄滅）。」
《中華民國史事日誌》（第四冊），郭廷以，中央研究院近代史研究所編印，民國74年5月初版，文見，頁67。「長沙大火」一事，又見記載於《民國大事日誌》（第一冊），劉紹唐，傳記文學出版社，民國75年11月再版，文見頁594。
仁案：「長沙大火」之資料，爲口試由左松超先生提供，筆者謹誌，以申謝忱。

〔註23〕同註13。

〔註24〕同註12。

後下削而廉隅，器口有內沿，與蓋切合。櫝長六十八公分一公釐，通蓋中高九公分九公釐，中外邊高八公分六公釐，兩端外邊高八公分、寬八公分八公釐，兩牆厚八公釐，兩端厚二公分二公釐，容長六十三公分八公釐，寬七公分一公釐，深四公分九公釐。劍首及鞘玑，長五十九公分七公釐，劍通長五十五公分九公釐，體長四十五公分七公釐，寬四公分六公釐，柄長十公分三公釐。首有環，環徑三公分九公釐，璲中高一公分五公釐，寬五公分二公釐。鞘玑長四十八公分五公釐，鞘鬃作橫文，長四十五公分二公釐，中寬四公分四公釐，下寬四公分九公釐，厚一公分七公釐。口高一公分二公釐，寬四公分九公釐，厚二公釐。由末至要，有脊隆起，口至脊，長十二公分四公釐，玑高三公分三公釐，上徑寬四公分二公釐，下徑寬四公分九公釐，上中徑厚一公分七公釐，下中徑厚一公分五公釐。玑頂有圓孔，櫝面右（即劍首一端）有帛一圍，其它有殘片，櫝內有大帛數層，置劍後四面掩覆之，殘帛附鞘身。〔註25〕

　　商氏所載蔡季襄所藏銅劍爲全制之形，無毀損，其形制如上述，表之如（圖一）。今《晚周繒書考證·（二）銅劍》云：

　　如《周禮·考工記》云：「桃氏爲劍，臘廣二寸有半寸，兩從而半之。以其臘廣爲之莖圍，長倍之，中其莖，設有後三分其臘廣，去一以爲首廣，而圍之。身長五其莖長，重九鋝，謂之上制，上士服之。身長三其莖長，重七鋝，謂之中制，中士服之。……」本書圖版九所載之銅劍，與繒書同坑出土，全劍長度，正與〈考工記〉中中制劍相符，惟劍莖中斷。其形制，則與他劍異，作扁形，上穿雙孔，其後在當日似有木柄之施設。……瑲係銅質，……劍莖即穿貫其中，是項施設，亦與〈考工記〉中其莖設其後之文正合。〔註26〕

與帛書同坑出土之銅劍，形制如上述，表之如（圖二）。其劍莖中斷，與商承祚所載蔡季襄所藏楚銅劍不合。是知此二劍非同一把甚明。今商氏之《長沙古物聞見記》，係其於民國二十七年六月入蜀前，以觀錢、左、蔡等三君所藏器爲基礎而寫成，其時商氏僅睹蔡季襄所藏銅劍一，即其書所載。設若其時與楚帛書同時出土之銅劍已出土，則商氏當亦可見，並登載於其書，唯商氏《長沙古物

---

〔註25〕　同註12：總頁173～175。
〔註26〕　同註2，頁20。

聞見記》並未登載。又於商氏此書中載有〈繒〉一則、〔註27〕〈帛〉二則,〔註28〕亦未見及楚帛書,是以知楚帛書之出土,疑在民國二十七年六月商承祚入蜀之後。又蔡氏「三十三年春,始輾轉由閩間道歸長沙。流寓七載,……」。〔註29〕知蔡季襄得銅劍及楚帛書,當在其避難前、商承祚入蜀之後,綜上所述,商承祚就錢、左、蔡三家所藏繪影圖錄時,未見及楚帛書,而於其入蜀後,季襄蹀轉流離在外七年,至民國三十三年方回到長沙。依此準之,則楚帛書之出土,疑當在民國二十七年商承祚入蜀後,蔡季襄離開長沙之前。

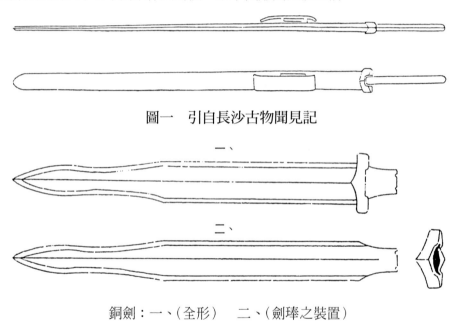

圖一　引自長沙古物聞見記

銅劍:一、(全形)　二、(劍琫之裝置)

圖二　引自晚周繪書考證

# 第二節　楚帛書之出土及流外經過

## 一、楚帛書之出土

### (一)出土地點

楚帛書因係出於盜掘,故其出土情況往往密而不宣,即如本章第一節所

---

〔註27〕同註 12,頁 44。

〔註28〕同註 12,頁 44。

〔註29〕同註 2 附錄。〈長沙蔡烈婦傳〉,新化晏子後。

論之帛書出土年代般，異說紛陳、莫衷一是。楚帛書究出於何地？前輩學者所述不一，歸納前說蓋有如下五種：〔註30〕

### 1. 蔡季襄《晚周繒書考證・繒書考證》

近年長沙，因廣闢土地，附槨一帶，周秦陵墓，多被掘發。此項晚周繒書墨跡，即發現於東郊晚周木槨墓中，書用竹笈貯藏，折疊端正，惜出土時，土人不知愛護，致被損壞過半，故笈內殘繒斷片甚多，惟此書獨完整無闕，尚可展視。〔註31〕

又同書〈繒書墓葬〉云：

長沙近年，因交通事業之發展，近郊一帶山陵，往往夷為平地，於是靈藏地中之周秦漢三代陵墓，時有發現，其中尤以晚周墓葬，其規模之宏大，構造之堅固，為亙古所未有。……本書所載之繒書，即出自此項晚周墓中，墓位於長沙東郊之杜家坡，因築路而發現。

〔註32〕

### 2. 商承祚〈戰國楚帛書述略〉

帛書發現的確實年月及地點為一九四二年九月，墓地在東郊子彈庫的紙源沖（又名王家祖山），是一座形制不大，棺槨完整的木槨墓。

〔註33〕

### 3. 湖南省博物館〈長沙子彈庫戰國木槨墓〉

1973 年 5 月，我館在長沙市城東南郊子彈庫（現湖南林業勘查設計院內）發掘了一座戰國木槨墓。編號為 73 長子 M1。該墓曾于 1942

---

〔註30〕出土楚帛書之墓葬結構及地點究竟為何，前輩學者所論甚為紛歧，因楚帛書係出於盜掘，故恐只昔日參與盜掘帛書出土之人能確知耳，餘者所論，均值商榷。今因自稱昔日曾參與盜掘帛書出土之人之回憶，彼此所述之資料常相異，以致難以取捨。今因論述帛書之須，故以湖南省博物館於《文物》上發表之〈長沙子彈庫戰國木槨墓〉為主，因湖南省博物館於此發表之簡報上，明確地標明此墓為昔盜掘出土《繒書》（即楚帛書）之墓，此墓之墓葬形制、地點，恰與商承祚據自稱為昔日參與盜掘帛書出土之人回憶雷同，故湖南省博物館所發掘之此墓，為昔日出土楚帛書之墓葬，或較易為人所接受，今即依此論述之。請參〈長沙子彈庫戰國木槨墓〉，湖南省博物館，《文物》，1974 年第二期，頁 36～43。
〔註31〕《晚周繒書考證》，蔡季襄，民國 33 年石印本，藝文印書館於民國 61 年 6 月依原刊本影印，為今行世之本。文見〈繒書考證〉頁 1。
〔註32〕同註 2，文見〈繒書墓葬〉頁 13。
〔註33〕〈戰國楚帛書述略〉，商承祚，《文物》1964 年第九期，頁 8。

年被盜掘，出土了有名的《繒書》。〔註34〕

### 4. 陳邦懷〈戰國楚帛書文字考證〉

戰國楚帛書 1942 年 9 月發現於長沙東郊古墓中。〔註35〕

### 5. 錢存訓《中國古代書史》

1934 年，在長沙的楚墓中發現一件帛書，通稱「楚繒書」。〔註36〕

帛書出土地點，說者如上五說，其後襲之者各有其人，此不贅述。綜觀前說，帛書之出土均出自長沙，則楚帛書之出自長沙當無可疑。唯細審各說言帛書出土於長沙之何地，則又以東郊爲眾，僅湖南省博物館言東南郊。而帛書確切之出土地點，大別有三說：

其一：爲蔡季襄之「杜家坡」。

其二：爲商承祚之「子彈庫的紙源沖（又名王家祖山）」。

其三：爲湖南省博物館「長沙市城東南郊子彈庫（現湖南林業勘查設計院內）」。

今據湖南省博物館於一九七三年五月對盜掘出土楚帛書之墓葬重新調查、挖掘，〔註37〕證實楚帛書確出於長沙子彈庫。今商承祚所言之「紙源沖（王家祖山）」，實位於子彈庫內。又子彈庫實即在杜家坡一帶，三者之所異，唯其範圍大小之差別耳。

### （二）墓葬結構

出土楚帛書之墓葬結構，首見於《晚周繒書考證》，爲蔡季襄所記當時傳聞之資料，其文云：

> 墓位於長沙東郊之杜家坡，因築路而發現。平面作凸形，前端狹長之巷，即爲隧道。此項隧道由淺而深，作斜坡狀，……後者爲墓室，橫長丈餘，縱長丈有五尺，深倍之，作長方形。四壁深峻若削，中實以黃土，黃土下層，則爲蜃炭。……蜃炭之下，則係墓室，室頂架厚尺許寬二尺之橫木五，上用竹席滿布，四周則以長與坑等之巨木疊砌，

〔註34〕〈長沙子彈庫戰國木槨墓〉，湖南省博物館，《文物》1974 年第二期，頁 36。

〔註35〕〈戰國楚帛書文字考證〉，陳邦懷，《古文字研究》第五輯，中華書局，1981年 1 月第一版，頁 233。

〔註36〕《中國古代書史》，錢存訓，藍燈出版社，民國 76 年 9 月初版，文見第六章〈帛書〉，頁 112。

〔註37〕同註34。

構成長方式之槨形。……棺則陳次墓室之東，大小與常棺等。惟蓋面平坦不隆起，棺外裹以褐色之絲帛，絲極勻細，棺之右側，陳木櫝一，長度與棺相等，寬半倍之，其中滿貯明器。〔註38〕（圖一）

次見於商承祚〈戰國楚帛書述略〉，其文云：

帛書發現的確實年月及地點爲一九四二年九月，……是一座形制不大，棺槨完整的木槨墓。黑漆棺置於槨內一旁，"頭箱"與"邊箱"放置隨葬品，整個空間如曲尺形。〔註39〕

末見於巴納德《楚帛書譯注》，其文云：

這墳墓是木造的，由四個系列的長方形木質小房間所組成，而最內部是墳內人的棺材。……在 A 的地方，發現有些陶碗放倒置在地面上，在每個的下面都放有一隻陶製的豬。還有四個木頭雕刻同一型的人像，在周代的葬物中，這是很有名的，可是卻沒有發現金屬製品在裡面。在 B 和 C 等地，很明顯的是沒有任何葬物的，除了有一堆木板，每一塊大約是 3 吋厚，長度在 4 或 5 尺左右，寬約 12～18 吋，這堆木材很整齊的被堆靠在 B 的牆邊，在棺材中只剩下頭髮和牙齒。〔註40〕（圖二）

爲進一步確定出土楚帛書之墓葬結構，湖南省博物館於一九七三年五月對此墓進行調查、挖掘，今將其挖掘所記之墓葬形制及棺槨葬具，引之如下，其發表之報告云：

一、墓葬形制

該墓構築在夾有大量白色斑塊的网紋紅土中，爲一帶斜坡墓道的長方形豎穴墓，方向 115 度。墓口上有 1 米左右厚的封土。墓口長 3.8、寬 2.46 米。墓坑深 7.42 米，四壁殘留有工具痕跡。墓道寬 1.5 米，因未全部掘完，長度不明。坡度爲 23 度，墓道底高出墓坑底 2.77 米。

---

〔註38〕同註31，文見〈繒書墓葬〉，散見於頁 13～15。

〔註39〕同註33，頁 8。商氏所記蓋據自稱爲昔日盜掘帛書出土之人之回憶。

〔註40〕《THE CHU SILK MANUSCRIPT—Translation and Commentary》 Noel Barnard Published by Deparment of Far Eastern History Reserch School of Pacific Studies Institute of Advanced Studies The Australian Nation University Canberra，1973，頁 2～3。巴納德所記，爲據自稱當時參與帛書盜掘出土之人之回憶。

墓坑底部填有 39 厘米厚的青灰色膏泥（長沙俗稱青膏泥），黏性較大。其上置棺槨，棺槨四周直至墓壁均築有青膏泥，厚 34～40 厘米。棺槨上部的青膏泥厚 80 厘米，它與白膏泥一樣，有良好的隔絕氧氣的作用。……青膏泥之上直至墓口共有 4.8 米厚的填土，均爲洗砂土，即是原來作墓時挖掘出來的生土（网紋紅土），經過捶碎，重新填入的。在青膏泥上 65 厘米的高度有一條整齊的界線，在其下的洗砂土中所含斑塊呈灰色，可能是受青膏泥的影響，在其上的洗砂土中所含斑塊爲白色。洗砂土層有明顯的夯築痕跡。夯層由下到上逐漸增厚，由 5 厘米到 20 厘米。夯窩爲圓形，直徑約 5 厘米。

二、棺槨葬具

棺槨共三層，即槨、外棺、內棺。槨之下有橫列的兩根枕木，寬 30、厚 10 厘米，兩根枕木相距 1.8 米。

槨長 3.06、寬 1.85、高 1.33 米。底板是由三塊厚 18 厘米的木板縱列以子口拼合構成，……每一面壁板都由兩塊立板組成，下板平疊於槨底板上。……槨蓋板爲厚 20 厘米的五塊橫板一列平鋪，拼合方法與底板相同，……槨蓋板與壁板在四角有拐角形套榫嵌接，……槨與外棺之間在頭端和北邊各有寬 0.3、長 0.9、和寬 0.27、長 2.6 米的頭箱和邊箱，構成“曲尺”形。邊箱緊貼外棺的一邊有上下拼合的立板，厚約 6.5 厘米。隨葬器大都放在邊箱裡。在槨蓋板下面，是一層較薄的隔板（俗稱內板），厚約 6 厘米，共七塊，一塊縱蓋在邊箱上。……拼合的方法與槨蓋、底部相同。

外棺長 2.3、寬 0.93、高 0.87 米。足端和南壁緊貼著槨壁。……蓋板兩端 27 厘米處有皮提手，呈環狀，質地鬆軟，……推測是埋葬時爲提放方便而設置的，……。

內棺長 2.04、寬 0.63、高 0.61 米。緊緊套合在外棺之中。外髹黑漆，內髹紅漆膠合，在棺的外部緘以葛布，橫緘三周，葛布之外，再塗黑漆，即棺束，寬度爲 3～4 厘米。……內棺底部墊有透雕的幾何紋花板，未加漆繪。厚約 4 厘米。雕花板上鋪“人”字形篾席，質地細薄，但已爛成碎塊，係作荐尸之用。〔註41〕（圖三）

---

〔註41〕同註 34，散見頁 36～37。

綜上蔡氏、商氏、巴納氏三說以與湖南省博物館挖掘報告相較，知於棺槨結構方面以商氏之說爲確；於墓葬形制方面，則以蔡氏之說爲確。巴納德之說，以整個墓葬爲由四個墓室所成，與一九七三年湖南省博物館之挖掘情況不合。另有關陶豬、陶碗、木俑之敘述亦未見於墓中。於墓主方面，巴納德言僅存頭髮和牙齒，與湖南省博物館挖掘所得墓主骨骼完整不合。（圖四）蔡氏爲據當時之傳聞而記；另二者則自稱據昔日參與盜掘帛書出土之當事人所述。三者互有詳略、眞僞羼雜，是知欲據引以爲它說之佐證，實不可不愼矣！

## 二、楚帛書流外經過

楚帛書流外之經過，一如其出土之情況，異說紛紜。今亦將諸異說列之如下，再進而加以推論：

### 一、蔣玄怡

稱帛書出土時，「爲一裁縫所得，當時曾設法請國內蒐集家收購，終于沒有成功，待我由廣東重去長沙，知道已由一美人付了點押金，把這絹畫借到美國去了，這位收藏者手中只剩一張洋文借據。」〔註42〕

### 二、〈美帝掠奪我國文物罪行一斑〉云：

最荒唐的是蔡季襄將長沙出土的戰國時代「繒書」一塊，——這是我國最早的筆繪的畫與筆寫的字——賣給了耶魯大學的 John Cox 學生，賣價美金一萬元，這個美國人只拋下一千元就把這無價之寶帶走了。〔註43〕

### 三、安志敏、陳公柔〈長沙戰國繒書及其有關問題〉

抗日戰爭期間，在湖南長沙東郊杜家坡，因築路動土而發現的一座戰國墓中，曾出土了一件繒書。……繒書出土以後，爲蔡季襄所得。他曾根據自己的摹本，作了初步的文字考釋。〔註44〕

### 四、商承祚〈戰國楚帛書述略〉

一九四二年冬，于重慶接長沙唐鑒泉來信，以帛書求售，我乃托友

---

〔註42〕 蔣玄怡之文章未見，此文係引自《長沙子彈庫戰國楚帛書研究》，李零，北京中華書局，1985 年 7 月第一版，頁 3。
〔註43〕 〈美帝掠奪我國文物罪行一斑〉，載《文物參考資料》1950 年十一期，頁 60。
〔註44〕 〈長沙戰國繒書及其有關問題〉，安志敏、陳公柔，《文物》1963 年第九期，頁 48。

人沈筠蒼前往了解情況。復信說："唐裁縫出視之時，是在白紙之外再用報紙將之鬆鬆捲起，大塊的不多，小塊的累累，將來拼復原樣恐不可能？"我正與唐反復議之時，蔡季襄回長沙，遂爲所得。一九四四年八月，蔡氏自湖南安化寄所著《晚周繒書考證》至貴陽，始略知帛書之概況。〔註45〕

至如帛書之流出國外，商氏又云：

帛書所包括的內容很豐富，是我國文物中一件瑰寶。可是這塊寶，于一九四六年爲美帝國主義分子柯克思（M‧John Hadley Cox）用卑鄙無恥的手段到上海誆騙掠奪至華盛頓，諱莫如深的密藏于耶魯大學圖書館。〔註46〕

## 五、嚴一萍〈楚繒書新考〉（上）

民國三十五年，抗戰已經勝利，蔡氏把繒書帶到上海，旋爲長沙湘雅學院教員美人柯克思（M‧John Hadley Cox）所獲得。有人說他是：「出重價購得。」（怡生：饒宗頤與楚繒書一文後附錄摘自本齋著「楚帛書及其研究」）。有人說他是：「騙取。」（商錫永「戰國楚帛書述略」）。據李棪齋先生見告：柯克思獲得蔡氏的繒書是代爲攜美「保管」，而非「重價購得」。這一段經過內幕，李先生知道得很清楚，將另有撰述，此不贅。〔註47〕

## 六、諾埃爾‧巴納德《楚帛書譯注》

它 〔案：指楚帛書〕在一九三四年出土，很明顯的在一個叫唐鑑泉的裁縫手裡，一直到一九三八年才到柯克思手上，並在這年，它〔案：指楚帛書〕從長沙被帶到美國。〔註48〕

另項支持巴納德氏以帛書於一九三八年流外之說法，爲就其所知，柯克思於一九三九年之後，並未重到中國。〔註49〕

楚帛書流外之說法，大抵如上六說，其中商承祚言其使沈筠蒼前往了解唐鑑泉所藏帛書，沈筠蒼復信云：「大塊的不多，小塊的累累，將來拼復原樣

---

〔註45〕同註33，頁9。
〔註46〕同註33，頁8。
〔註47〕〈楚繒書新考〉（上），嚴一萍，《中國文字》第二十六冊，民國56年12月出版，頁5。
〔註48〕同註40，頁12～13。
〔註49〕同註40，請參該書頁4註6。

恐不可能？」筆者疑此帛書當為楚殘帛書，而非「惟此書獨完整無闕，尚可
展視。」〔註50〕之楚帛書。殘帛之記載見於《晚周繒書考證》，其文云：

> 書用竹笈貯藏，折疊端正，惜出土時，土人不知愛護，致被損壞過
> 半，故笈內殘繒斷片甚多，惟此書獨完整無闕，尚可展視。〔註51〕

又見於〈戰國楚帛書述略〉，其文云：

> 還有些殘帛書，徐楨立生前曾拿出給我看過，從殘帛斷片了解內容，
> 仍是些占辭術語。據徐老先生說，是得自蔡季襄手中的一部份。……
> 殘帛文字清晰可辨，有朱欄和墨欄兩款，字皆寫入欄內，字大于此
> 帛書，從欄色的不同，知有兩張。〔註52〕

殘帛書之記載如上二說，然均未影出殘帛書面貌，直至日人林巳奈夫發表〈長
沙出土戰國帛書考〉〔註53〕附有楚帛書摹本，於帛書上面印有另一帛書之痕
跡，林巳奈夫將之摹於透明紙上，以與楚帛書對照，即所謂之殘帛書（案僅
少數幾字）。至如將目前尚存世之殘帛書刊出並附摹本，則首自商志馥之〈記
商承祚教授藏長沙子彈庫楚國殘帛書〉，〔註54〕殘帛斷裂成細塊，知欲恢復原
貌恐不可能，由上知，沈筠蒼所言唐鑒泉所藏之帛書當為殘帛書無疑。是以
知楚帛書一出土即歸蔡季襄，至如楚帛書流落外國之人、事、時、地，綜上
諸說，大別有：

1. 楚帛書由一美人借去（蔣玄佁《長沙》，蔣文未見，參考自李零《長沙
   子彈庫戰國楚帛書研究》頁三）。
2. 蔡季襄將楚帛書賣予美人柯克思（〈美帝掠奪我國文物一斑〉）。
3. 於一九四六年，楚帛書被美人柯克思於上海詿騙取走（商承祚〈戰國
   楚帛書述略〉）。
4. 民國三十五年，抗戰已經勝利，蔡氏將楚帛書帶至上海，由柯克思代
   為攜美保管（嚴一萍〈楚繒書新考〉上）。
5. 楚帛書於一九三八年左右流出國外（巴納德《楚帛書譯注》）。

〔註50〕同註31。
〔註51〕同註31。
〔註52〕同註33，頁9。
〔註53〕〈長沙出土戰國帛書考〉，林巳奈夫，《東方學報》（京都）第三十六冊第一分，
　　　　昭和三十九年十月（1964年10月）。
〔註54〕〈記商承祚教授藏長沙子彈庫楚國殘帛書〉，商志馥，《文物》1992年第十一
　　　　期，案此文為商志馥，紀念其父（商承祚）逝世一週年而作，所附摹本為商
　　　　承祚自摹本。

其中僅後三者言明時間，今由本章第一節所論，知於一九四四年仲秋，蔡季襄尙取楚帛書原物以作《晚周繪書考證》。又柯克思於民國二十八年歸美，於同年三月至五月，傾其所購藏，展覽於美國雅禮大學美術館，其時印有長沙古物說明書一小冊，〔註 55〕唯未見及楚帛書。加以商承祚曾於一九四一年於長沙見到柯克思，〔註 56〕是以巴納德言柯克思於一九三九年後未再到中國，及楚帛書約於一九三八年左右流出國外，此說恐難令人相信。商氏及嚴氏均以帛書於一九四六年於上海由美人柯克思帶走，此說較易爲人接受，蓋抗戰初勝，對外之戰爭雖已告結束，然國共之爭益烈，對內剿匪之舉方才開始，是以動亂不安之局自不可免，上海爲當時對外交通之一大港埠，帛書由此轉運出國自是最佳路線，是以楚帛書於一九四六年由上海流出國外較爲合理（如此，符合商承祚於一九四一年於長沙見到柯克思之說，及蔡季襄於一九四四年尙持楚帛書原物作《晚周繪書考證》之時間）。至如楚帛書是於何種情況下流落外國，前輩學者或云「借去」；或云「賣斷」；或云「誆騙」，莫衷一是。嚴一萍轉述李棪齋之言，以柯克思攜楚帛書赴美是代爲「保管」，並言李氏日後另有專文發表。〔註 57〕

由上知楚帛書爲由美人柯克思從上海攜出當無可疑，唯其爲借去、買去、誆騙，抑或代爲保管，則不可得知，然以「保管」較合情理。〔註 58〕

楚帛書流出國外之後，曾幾度易手，其所有者及存放地點，蓋可示之如下：

一九四六年：楚帛書由上海流出國外，到了美國首先存入耶魯大學圖書館，〔註 59〕繼入藏於弗利亞美術館（The Freer Gallery of Art.）。〔註 60〕

〔註 55〕《長沙古物聞見記》，商承祚，文海出版社，民國 60 年 12 月初版，文見〈陳敦〉頁 2。此書係依民國 28 年原刊本影印，說詳該書封面。

〔註 56〕同註 33。

〔註 57〕李棪齋先生事後是否有再針對楚帛書之被柯克思攜往美國是出於代爲「保管」一辭提出專文說明，筆者迄未見前輩學者談及、引用。

〔註 58〕楚帛書之流落美國，或云被借去、買去、誆騙、保管，異說紛陳，唯以代爲「保管」較合情理。蓋蔡季襄於生死關頭逃難之際，尙不忍捨帛書於不顧，故知季襄重視之至。以此爲斷，季襄自不輕易將之賣掉。季襄於逃難期間，及作《晚周繪書考證》之情形，可參《晚周繪書考證》書後附〈長沙蔡烈婦傳〉及書前〈晚周繪書考證自序〉。《晚周繪書考證》，蔡季襄，民國 33 年石印本，藝文印書館於民國 61 年 6 月依原刊本影印，爲今行世之本。

〔註 59〕同註 47。

〔註 60〕〈楚帛書研究四十年〉，曾憲通，文見《楚帛書》，饒宗頤，曾憲通，香港：

一九五五年：楚帛書存放於耶魯大學藝術博物館。〔註61〕
一九六三年：此年七月，李棪齋先生於紐約 Metropolitan 博物館〔仁
　　　　　　案：即大都會博物館〕重睹楚帛書，〔註62〕然此時楚帛書
　　　　　　之存放地點爲耶魯大學圖書館。〔註63〕
一九六四年：楚帛書歸國人戴潤齋先生。〔註64〕
一九六六年：楚帛書歸沙可樂（Dr. Arthur M. Sackler）先生，〔註65〕寄藏
　　　　　　於紐約大都會博物館。〔註66〕
一九六六年至一九七九年：楚帛書寄藏於紐約大都會博物館，物主爲沙
　　　　　　可樂先生。〔註67〕
一九七九年至一九九〇年：楚帛書存放於沙可樂美術館。〔註68〕

綜上所述（含本章第一節），則楚帛書自被盜掘出土至流落美國，其間經
過之流程，蓋可簡示如下：

---

中華書局，1985 年 9 月版，頁 158。
〔註61〕《文物參考資料》1955 年第七期，圖版廿四（下）刊載楚帛書之摹本，其標
　　　　題云：「戰國繒書，長沙出土，現在美國耶魯大學藝術博物館」。
〔註62〕同註47。
〔註63〕請參《長沙戰國繒書及其有關問題》，安志敏、陳公柔，《文物》1963 年第九
　　　　期，頁 48。
〔註64〕同註60，頁159。又饒宗頤於〈楚繒書十二月名覆論〉云：「繒書原物……，
　　　　現歸國人戴潤齋先生收藏，余於本年九月中旬訪戴君於紐約，承出示該
　　　　圖……。」文見《大陸雜誌》第三十卷第一期，頁 1。
〔註65〕〈楚帛書目驗記〉，李零，《文物天地》1990 年第六期，頁 29。
〔註66〕〈楚帛書新證〉，饒宗頤，文見《楚帛書》，饒宗頤，曾憲通，香港：中華書
　　　　局，1985 年九月版，頁 1。
〔註67〕《長沙子彈庫戰國楚帛書研究》，李零，北京中華書局，1985 年 7 月第一版，
　　　　頁 2。其文云：「帛書在美國幾度易手，現存放于紐約大都會博物館（The
　　　　Metropolitan Museum of Art，物主是亞瑟·M·薩克勒（Arthur M·Sackler.））。」
　　　　存放之時間，請再參註 63。
〔註68〕同註66。其文云：「楚帛書流出國外後，曾幾度易手，1966 年始歸美國著名
　　　　收藏家賽克勒（Arthur M·Sackler. 我在《子彈庫》〔仁案：即《長沙子彈庫
　　　　戰國楚帛書研究》〕一書中曾說，帛書是存放于紐約的大都會博物館，但實際
　　　　上，在我寫書的前一年，即 1979 年，華盛頓的史密森尼研究所在佛利爾美術
　　　　館東側增設賽克勒博物館，其時就已將帛書偕來華盛頓。它的存放地點已變
　　　　成賽克勒美術館。其文又云：1990 年 4 月 27 至 28 日，賽克勒美術館舉辦了
　　　　一次東周楚文化研討會，邀我參加。會議特意展出了一些與楚文化有關的文
　　　　物，包括賽克勒收藏的楚帛書……。故知由 1979 年至 1990 年，楚帛書均存
　　　　放於賽克勒（沙可樂）美術館。

楚帛書於一九三八年，承祚入蜀之後，蔡季襄離開長沙之前出土，旋歸蔡季襄（案：或言首歸唐鑒泉，不確。唐氏所得之帛書，當係指別於完整楚帛書之其他朱欄、墨欄等楚殘帛書。）→1946 年蔡季襄將楚帛書帶至上海，旋由美人柯克思攜往美國，首先存於耶魯大學圖書館，繼入藏佛利爾美術館。→1955 年存於耶魯大學藝術博物館。→1963 年存於耶魯大學圖書館，被借至紐約大都會博物館展覽。→1964 年楚帛書歸戴潤齋先生。→1966 年楚帛書歸沙可樂先生。→1966 年至 1979 年，物主仍為沙可樂，楚帛書寄存於紐約大都會博物館。→1979 年至 1990 年，楚帛書存放於沙可樂美術館。→1990 年以後，楚帛書若無更置他所，則現今當仍存放於沙可樂美術館。

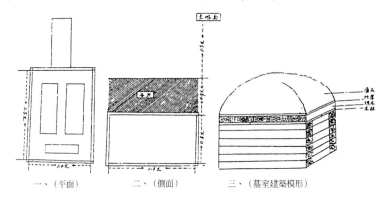

一、（平面）　　二、（側面）　　三、（墓室建築模形）

**圖一　蔡季襄：帛書墓葬圖**

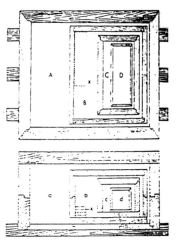

**圖二　巴納德：帛書墓葬圖**

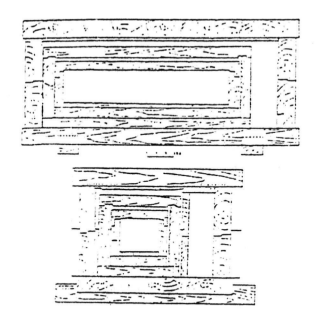

圖三　湖南省博物館：帛書墓葬圖

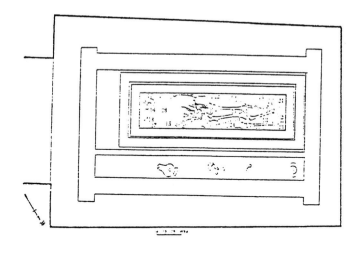

圖四　墓主骨骼圖

# 第三節　楚帛書之結構

　　楚帛書爲一近似正方形之絲織物，因入土年久、湛漬寒泉，初出土時，帛質易碎，色呈深褐，幾與文字相含混，是以文字辨識不易。直至一九六六年紐約大都會（Metropolitan）博物館爲作紅外線攝影，帛書文字、行款佈局

及週邊環繞之神像方大白於世。帛書初出，首歸蔡季襄，蔡氏裝裱之後，量其尺寸，爲「從長十五吋，橫長十八吋」。〔註69〕〔案：約合公制縱 38.1 公分，橫 45.7 公分〕。「每字約英寸三分左右」。〔註70〕〔案：約合公制 0.76 公分〕。

全帛計可分三部份，中間由正反兩篇文章所構成，四周爲由十二段文字及十二神像相間環繞而成，每邊各三，四隅配以青、赤、白、黑四木以明四時之位。其佈局十分特殊，是以帛書之擺置遂成理解帛書前之一大問題。楚帛書究應如何擺置？前輩學者所論不一，或云以八行文爲正置，〔註71〕或云以十三行文爲正置，〔註72〕然以何者爲確，筆者將於第四章作專文討論，以明當以八行文爲正置之理。

究論楚帛書之結構，今按其佈局，分三部份言之：八行文〈四時篇〉；〔註73〕十三行文〈天象篇〉；〔註74〕邊文〈宜忌篇〉。〔註75〕中間爲正反兩篇文章，八行文正書，十三行文反書，三部份之行款字數分別爲：

一、八行文（四時篇）：顧名思義，全文共八行。第一至第三行，行三十六字；第四至第七行，行三十五字；第八行十字。篇中有三個扁紅色方框，蓋爲分段之章節號，二個置文中，一個置於文末，將整篇文章分成三段，共二五八字。加入合文、重文九字，合共二六七字。

二、十三行文（天象篇）：全文十三行。第一至第十二行，行三十四字；第十三行三字。篇中亦有三個扁紅色方框，擺置方式同八行文。共四一一字。加入合文、重文十字，合共四二一字。

---

〔註69〕 《晚周繒書考證》，蔡季襄，民國 33 年石印本，藝文印書館於民國 61 年 6 月依原刊本影印，爲今行世之本。文見〈繒書考證〉頁 1。

〔註70〕 〈楚繒書十二月名覈論〉，饒宗頤，《大陸雜誌》第三十卷第一期，頁 1。又饒氏量得楚帛書之大小，橫長爲 18.5 英寸，與蔡氏稍異，蓋所據之基準有別耳。

〔註71〕 以八行文爲正置，始於蔡季襄，其後饒宗頤、李學勤（初以十三行文爲正置，後改以八行文爲正置）、高明等從之。

〔註72〕 以十三行文爲正置，始於董作賓，其後陳夢家、商承祚、嚴一萍等從之。

〔註73〕 李學勤以八行文所述爲四時之生成，故建議稱之爲〈四時篇〉，今從之。文見〈論楚帛書中的天象〉，李學勤，《湖南考古輯刊》第一集。

〔註74〕 李學勤以十三行文所述爲有關天象之種種，故建議稱之爲〈天象篇〉，今從之。出處同註73。

〔註75〕 〈宜忌篇〉，學者或稱之爲邊文、丙篇、月忌篇、月令篇。筆者以邊文十二段文字所記非唯禁忌之事，亦有言及適宜施行之事（詳第七章），是以筆者定名邊文十二段文字爲〈宜忌篇〉。

　　三、邊文（宜忌篇）：帛書四周之佈局，由十二段文字及十二神像環繞相間而成，每邊各三段文字及三個神像（神像係以赤、棕、青三色彩繪而成），四隅分繪青、赤、白、黑四木，以表四時居位。〈宜忌篇〉文字，蓋可分內外二層，內層每章三字，筆者稱之爲「章題」，〔註76〕首字係以各該月月名爲之，〔註77〕其下二字爲各該月最突出之現象（含最適宜去作、或最忌諱之事）爲之（詳第七章）。各章題均位於所居神像之左上方，起「取于下」（位於十三行文之右上方），順時針排列至「叢司多」，每邊各三章題，分隸春、夏、秋、冬四時。章題合共三十六字。每個章題於外層均有與之相對之一段文字，記載於所居神像之左下，即外層十二段文字。每段文字均以「曰」起首，其下繼之以月名，再下則記載各月之宜忌，文末則標以一扁方框，以示一段之終結。今將各段文字之字數可數計者，臚列如下：

　　〈取于下〉章，文共二十七字。

　　〈女此武〉章，文共二十一字。

　　〈秉司春〉章，文共七字。

　　〈余取女〉章，文共二十一字。

　　〈敘出睹〉章，文共二十六字。

　　〈虘司夏〉章，文共二十二字。

　　〈倉莫得〉章，文共十七字。

　　〈臧□□〉章，文共二十三字。

　　〈玄司秋〉章，文共十二字。

　　〈易□義〉章，文共十五字。

　　〈姑分長〉章，文共二十二字。

　　〈叢司多〉章，文共九字。

〔註76〕據筆者研究所得，內層各段文字均爲三字，首字爲月名，李學勤先生已發明之，出處詳註77。其下二字係由相對之外層文字所提煉而來，故筆者名此三字爲「章題」。蓋章題係取各該月最突出之現象（含最適宜作及最不適宜作之事）而爲之。以其爲各該月最適宜、或最忌諱之事，故取以爲章題，以期昭顯耳。如正月外層文字敘述抵太歲一事，古時抵太歲爲最忌之凶兆，故此月以抵太歲爲大事，是以章題云：「取于下」。「取」爲正月之稱，「下」即指得是歲下。又如二月外層文字敘述適宜施行戎旅征伐事，故章題云：「女此武」。餘各月章題，可依此類推而得，說詳第七章各節文末之「大意」。前輩學者常將章題與外層之說解文字分別看待，一分爲二，如是或失之偏。

〔註77〕請參〈補論戰國題銘的一些問題〉，李學勤，《文物》1960 年第七期，頁 68。

外層十二段文字共二二二字（殘泐不可計數者不計），加合文二字，合共二二四字。

整帛文字〈四時篇〉二六七字，〈天象篇〉四二一字，〈宜忌篇〉章題三十六字、外層說解文字二二四字，合共九四八字。

十二神像各作奇形怪異狀，分配於各月。各神像配置之方向，均首朝帛內、足朝帛外，唯居十月之神像，整個右轉九十度，與其它神像異。此十二神像，與戰國古墓所出鎮墓獸或有相似者，於載籍則與《山海經》所述爲近。其畫法，蓋先勾描輪廓，再行施填上色（有赤、棕、青三色）。今按前述十二章之順序，解說各月配置之神像如下：

一月：橢圓形首，上有二捲毛，闊眼。長頸、獸身。於裝裱時不察，未
　　　復其原貌，致使頸與身分離。首、足赤色，身尾青色。

二月：四白首皆方形，方眼。首上各有一青羽冠，左右相對。並頸。雙
　　　鳥身，青、赤相間。兩紅爪相對、內向。

三月：方首方眼，首青眼白，首上方滿佈短毛。身體殘泐不清，似有手。

四月：蛇形。一首二身，首作青色，二身作蜷曲狀，一赤色一棕色。口
　　　吐歧舌。

五月：三赤首，首上各有相對毛髮四根。並頸。身作人立形，手足赤色。
　　　手掌似剪，青色；腳掌似彎月，青色。

六月：首似猿。面白，四周圍以紅色帶，露白齒，狀甚兇猛。作人立形，
　　　身色白，有尾青色。手似彎月，棕色，各執一物似蛇；足赤色，
　　　作魚尾開叉狀。

七月：人首，面白色，露齒，首上有二青長角。身作鳥獸形，赤棕相間。
　　　一臂有爪，身似有尾。

八月：一首三突角，口吐長舌，紅色。獸身青色，脊上有毛。細鳥足，
　　　棕色，呈跪姿。

九月：二蛇首青色，口吐歧舌，並頸。一身作座姿，赤、棕、白相間。
　　　手、足有爪上揚，青色。

十月：鳥首鹿身形。鳥首長喙，赤色，首上有二青長羽。鹿身，赤、棕
　　　相間。青尾，雙足似剪，前青後赤。

十一月：首似牛首，方形。面青色，露白齒，牛角赤色，狀甚兇猛。作
　　　　人身正立形，與五月三首神像身形相似。身色棕、白相間，下

半已殘去。手作青色，似剪。

十二月：人身正立形。人首，面白色，四周圍以赤色帶，口吐赤色長歧
　　　　舌，獸耳青色。身作人立形，棕、青相間。手足與五月神像相
　　　　似，手作白色，足赤色。

　　於楚帛書四隅，分繪青、赤、白、黑四木於「取于下」、「余取女」、「倉
莫得」、「易□義」之上方，以明四時之居位。青木、赤木、黑木等三木均以
寫意法為之，唯白木繪以勾描法，蓋帛色本白，若以寫意法為之，自不能繪
出其形，故改以勾描法為之。

　　陳槃先生引述董作賓先生之言，以楚帛書除四隅四木外，當有中央黃木，
今不見之故，蓋為漫滅所致。其說云：

　　　四正角上有木，文右一章　〔案：〈四時篇〉〕第五行云：「青木，赤
　　　木，黃木，白木，黑木之精。」蓋本有五木，東青，南赤，中黃，
　　　西白，北黑。今止有四木，則中央黃木，既漫滅不見矣。〔註78〕

今視楚帛書紅外線照片影本，實無黃木之痕跡。陳氏所言，蓋誤附會〈四時
篇〉所述五木之文云。

## 第四節　楚殘帛書及楚帛畫

　　楚殘帛書及楚帛畫，為與楚帛書同坑出土之文物，由於完整楚帛書之面
世而為學界所忽略，長久以來，處於乏人問津之狀態。因此二者分別關係著
楚帛書之性質及墓主身份之探討，是以筆者於此另闢一節以申述之。

### 一、楚殘帛書

　　有關楚殘帛書之敘述，首先見於蔡季襄之《晚周繪書考證・繪書考證》，
其云：

　　　近年長沙，因廣闢土地，附槨一帶，周秦陵墓，多被掘發。此項晚
　　　周繪書墨跡，即發現於東郊晚周木槨墓中，書用竹笈貯藏，折疊端
　　　正，惜出土時，土人不知愛護，致被損壞過半，故笈內殘繪斷片甚

---

〔註78〕文見〈先秦兩漢帛書考（附長沙楚墓絹質采繪照片小記）〉，陳槃，中央研究
　　　　院歷史語言研究所集刊，第二十四本，民國42年6月，頁196。

多，惟此書獨完整無闕，尚可展視。〔註79〕

由是知與楚帛書同坑出土之文物中，至少當有另外一份楚帛書存在。考此份完整之楚帛書，爲墨書文字所成，於此帛書〈宜忌篇〉「玄司秋」處，有朱書殘帛文字（無界欄）黏附之跡，此朱書殘帛文字，首先摹印於日人林巳奈夫之〈長沙出土戰國帛書考〉一文中（圖一）。〔註80〕一爲墨書，一爲朱書，知當時帛書出土時，至少有二份帛書存在。然同坑出土之帛書究有多少？於今實難斷定。商承祚〈戰國楚帛書述略〉云：

> 還有些殘帛書，徐楨立生前曾拿出給我看過，從殘帛斷片了解內容，仍是些占辭術語。據徐老先生說，是得自蔡季襄手中的一部份。……殘帛文字清晰可辨，有朱欄和墨欄兩款，字皆寫入欄內，字大于此帛書，從欄色的不同，知有兩張。〔註81〕

據商氏所言，此朱欄、墨欄之殘帛書爲徐楨立得自蔡季襄之手，由前述蔡氏〈繒書考證〉所言「笈內殘繒斷片甚多」推測，此朱、墨二款界欄之殘帛書，或即蔡氏書所謂「殘繒斷片」中之一部份，若果如此，則當時至少有四份不同之楚帛書存在，分別爲：

一、完整之楚帛書（今流落於美國者）。

二、黏在完整楚帛書「玄司秋」處之朱書殘帛文字殘跡。

三、朱界欄殘帛文字。

四、墨界欄殘帛文字。

前二份帛書早已經由學界發表，而朱、墨界欄殘帛書（圖二），則由商承祚收藏近半世紀後，遲至一九九二年方由其子商志醰於《文物》上刊佈。〔註82〕是知當時同坑出土之楚帛書，至少有四份。至於殘帛之內容，以其殘甚，筆者無法據以判別，是以闕疑，以俟後之方家。

由上所述，突顯出一現象來，即此四份帛書之擺置方式，可能爲各自折疊，然後再層層互相包裹疊放在一起。於今流落美國之楚帛書，明顯有規則

---

〔註79〕 《晚周繒書考證》，蔡季襄，藝文印書館，民國61年6月初版，文見〈繒書考證〉，頁1。

〔註80〕 〈長沙出土戰國帛書考〉，林巳奈夫，《東方學報》（京都）第三十六冊第一分，昭和三十九年十月（1964年）。

〔註81〕 〈戰國楚帛書述略〉，商承祚，《文物》，1964年第9期，頁9。

〔註82〕 〈記商承祚教授藏長沙子彈庫楚國殘帛書〉，商志醰，《文物》，1992年第11期，附圖。

之折疊痕跡（且其上有它帛之朱書殘跡），巴納德並有楚帛書折疊復原圖（圖三）。〔註83〕由此四份帛書觀之，則此份流落美國之完整楚帛書，於折疊時，或置於最內層，是以損壞較少，餘三者離亂爲殘繪斷片，知爲疊放於較外者，此又無須贅述矣！

## 二、楚帛畫

　　楚帛畫，俗稱「人物御龍帛畫」（圖四），爲我國目前發現最早之帛畫。於一九七三年五月，由湖南省博物館對曾於一九三八年盜掘出土楚帛書之墓葬進行發掘時所得。

　　帛畫之存放及形制，依發掘報告所述爲：

　　　平於在槨蓋板下面的隔板上面，畫面向上。它以絲織的絹爲地，呈長方形，長 37.5、寬 28 厘米。畫上端橫邊有一根很細的竹條，竹條長 30 厘米，近中部繫有一棕色絲繩，用于懸掛。畫的左邊和下邊爲虛邊。整個畫幅因年久而呈棕色，但質地仍然保存較好。〔註84〕

將帛畫放於槨蓋板下面之隔板上，畫面向上，當有其特殊用意。今於帛畫上端橫邊有一細竹條，於中部繫有絲繩，知此帛畫於埋葬前，當用於懸掛，及至入墓隨葬，方置於槨蓋板下方。此帛畫或於引柩入墓前，將之懸掛，由人執之前導（類於今之引路幡），及至墓壙，則待棺柩入墓後，再將之存置槨蓋板下方（畫面朝上），當爲其時之葬俗。今考帛畫之內容，《長沙楚墓帛畫》云：

　　　畫的正中爲一有鬚鬢的男子，側身直立，手執韁繩，駕馭著一條巨龍。龍頭高昂，龍尾翹起，龍身平伏，略呈舟形。在龍尾上部站著一鶴，圓目長喙，昂首仰天。人頭上方爲輿蓋，三條飄帶隨風拂動，畫幅左頭角爲一鯉魚。畫幅中輿蓋飄帶、人物衣著飄帶和龍頭所繫韁繩飄帶拂動方向一致，都是由左向右，表現了風動的方向，反映了畫家狀物的細緻精確，而所繪圖象，除鶴首向右上方外，其餘人、龍、魚都是朝向左方，表現了行進的方向。整個帛畫應是乘龍升天

---

〔註83〕《Scientific Examination of an Ancient Chinese Document as a Prelude to Decipherment, Translation, and Historical Assessment – The Chu Silk Manuscript》 Noel Barnard Pablished by Department of Far Eastern History Research School of Pacific Studies Institute of Advanced Studies The Australian National University Canberra, 1973 ，頁 13。

〔註84〕〈長沙子彈庫戰國木槨墓〉，湖南省博物館，《文物》，1974 年第 2 期，頁 38。

　　的形象。〔註85〕

依上述，知此帛畫「乘龍升天」之形像，或爲墓主之寫眞。由此，再參之當
時楚風，知此帛畫或爲引魂升天之形像（請參第九章第四節）。

　　今考此帛畫爲我國目前發現最早之帛畫，其畫法與楚帛書周邊之圖像
同，皆先以線條勾勒其形體，再將之施塡上色。上色之技法，大抵以平塗爲
主（帛畫少數地方已見渲染手法）。而畫法則又以平面直視作畫爲主，與楚
帛書之圖像同（請參第十章第二節）。由此帛畫，正可反映戰國楚縑帛繪畫
之概貌，亦爲我國研究繪畫材料及技法傳衍所不可多得之寶物。

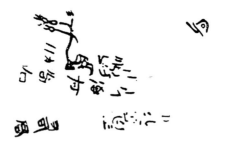

圖一　楚殘帛朱書文字痕跡

────────────

〔註85〕請參《長沙楚墓帛畫》，文物出版社，1973 年，無頁碼。

圖二之一　朱、墨界欄殘帛書照片(放大)

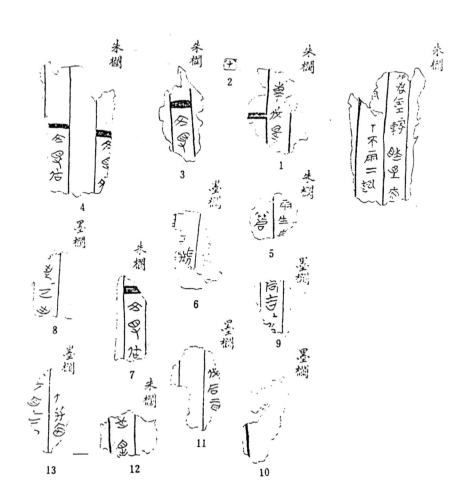

圖二之二　朱、墨界欄殘帛書摹本(原大)

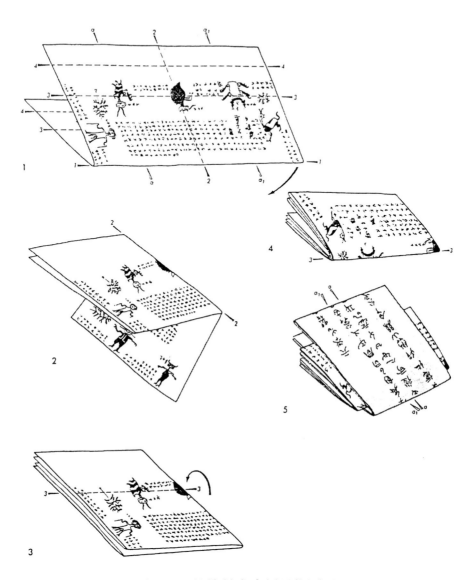

圖三　巴納德楚帛書折疊復原圖

圖四　人物御龍帛畫

# 第三章　楚帛書國別、年代之推判

　　楚帛書自一九三八年出土迄今，迄未見有全面推論其時代者，說者或據前人之言而襲之；或據一偏之見以論之。今筆者就各方面之材料，試爲推論楚帛書之時代如下：

　　楚帛書年代之推論，首見於蔡季襄《晚周繒書考證》，其說云：

　　　至考此墓時代，今據出土繒書文字、郢爰陶版，及長沙封建沿革，加以推測，似爲荊楚中期之墓葬。我國文字，在六國之世，最爲複雜，其時一國有一國體制，且篆法奇離、增損無定，不能盡識。故秦兼天下，首先統一文字。觀《說文解字敘傳》曰：「其時諸侯力政，不統於王，惡禮樂之害己，而皆去其典籍，分爲七國。田疇異畝、車塗異軌、律令異法、衣冠異制、言語異聲、文字異形，秦始皇帝，初兼天下，丞相李斯乃奏同之，罷其不與秦文合者。」云云。今此書字形奇古，且多變體，與秦篆搆結迥異，確爲六國體制，此其可證者一也。金版爲古代天子郊祀上帝之上幣（按金版之制，係用黃金鑄成，作長方式之版形，以鎰計重，爲周代貨幣之一種，詳拙著《周秦漢金銀貨幣圖考》。）其名稱，見於《周禮・秋官・職金》：「旅于上帝，則共其金版是也。」今此墓出土之陶質金版（按此項陶質金版，爲古代殉葬所用之明器，猶現代紙錢之類。）上鏨有郢爰印款十六枚，分列四行。按郢爲楚都之專稱，《史記・楚世家》：「楚文王元年始都郢（即今湖北荊州府，江陵縣地。）」其後遷陳，徙壽春，皆命名曰郢，可證，爰爲鎰之省文，爲周代黃金貨幣之單位名稱。如《尚書・呂刑》：「其罰百鍰」是也。因楚僭王號，故亦有金版之

制。(按近年安徽壽州,常有此項郢爰金版出土,俗稱印子金,詳方氏《綴遺齋彝器款識》。)此其可證者二也。至長沙沿革,揆之史籍,在漢以前,并無封建,當春秋戰國之世,原屬楚之南部重鎮,及產粟之地。考《國策‧楚策》云:「長沙之難,楚太子橫(即楚頃襄王)爲質如齊。」云云。又《史記‧楚世家》云:「復龐長沙,楚之粟也。」云云,可證。不過至楚頃襄王二十一年,郢都爲秦將白起所拔,燒夷陵、取洞庭五渚,及黔中郡。楚王東北保陳城(即故陳國,今河南陳州府治。)當是時,長沙非復楚有,甚爲明顯,此其可證者三也。今根據上述三點,加以推證,則此墓爲戰國時荊楚之墓葬,確無疑義,其時代當在頃襄王二十一年以前,可斷言也。〔註1〕

　觀楚帛書出土至今,爲其所處時代,作有系統地推論者,唯蔡季襄耳。其所推論,甚有理據,唯郢爰金版一項,出自盜洞人之傳聞,〔註2〕是非曲直,難以證實。一九七三年五月,湖南省博物館對出土楚帛書之墓葬,重新作科學之挖掘。〔註3〕其時並未發現傳聞中之泥質金版,是以據此而爲推證之主要基礎,實嫌未周。加以文字之書寫,於戰國時期,異形紛雜,眾所熟悉,其後,秦雖一統天下,同書文字,然文字之書寫,非一朝一夕所可全面改觀。秦皇之所頒行,大抵行於官吏、朝廷,至如民間之使用,自難範限,故於秦白起拔郢都後,其時人民當亦各以該國之文字爲交通,非必以秦篆。是以,

〔註1〕請參《晚周繒書考證》,蔡季襄,藝文印書館,民國61年6月初版,頁16。
〔註2〕泥金版之傳聞,出自昔日參與盜掘楚帛書出土之人口中,刊載於〈長沙子彈庫戰國木槨墓〉,湖南省博物館,《文物》1974年第二期,文末附錄載云:「根據這次發掘結果,并參照1942年盜掘時參與其事的人回憶,將該墓盜掘之前的隨葬情況補述如下。頭箱內:北端鋪蘆葦蓆一塊,……內盛未經燒製由青膏泥制作的泥金版數百塊。泥金版長約三‧五,寬約三厘米,有無文字不明。……。」
〔註3〕昔日盜掘出土楚帛書之墓葬,湖南省博物館於1973年5月,重新作科學挖掘。挖掘報告刊載於《文物》1974年第二期,題爲〈長沙子彈庫戰國木槨墓〉,湖南省博物館將此墓編號爲73長子M1。此墓由湖南省博物館重新發掘,言明此墓曾於昔日出土楚帛書,其墓葬形制與商承祚據自稱昔日參與盜掘帛書出土之人回憶之墓葬形制雷同(爲曲尺形),故湖南省博物館所挖掘之墓,爲昔日盜掘帛書出土之墓葬,當較可信。因帛書係出於盜掘,且由盜掘距湖南省博物館整理此墓,相距有三十五年之時間,故湖南省博物館雖明言此墓爲出土楚帛書之墓葬,筆者亦不敢斷言出土楚帛書之墓即此墓。然以此墓較之商承祚發表論文所載之資料,二者確屬雷同,則以此墓所呈現之種種情狀爲考訂帛書之年代,當較可信,故今亦以此墓所呈現之樣貌論之。

蔡氏所言容或持之有故，然若以此爲斷，證據恐嫌薄弱。

厥後，研究楚帛書，述及其時代者，大抵不出蔡氏之言。增華者或略提墓葬形制、埋葬器物及書體風格等，推爲楚國遺物，[註4] 所據立論之基，亦甚單薄。今擬就各方面之材料，予以推論，期能求得客觀之時代範限。

# 第一節　由墓葬結構言

## 一、墓葬形制

由墓葬形制言其時代範限，以單一墓葬言，自不能求得客觀、令人滿意之結果，今出土楚帛書之地點爲長沙子彈庫，是以今以子彈庫爲中心，旁及其鄰近同地層之墓葬，就其形制之異同，歸納、分析，以求其墓葬之時代。

一九五一年十月，中國科學院考古研究所人員至長沙發掘，自一九五二年起，湖南省博物館便配合基建工程，[註5] 對長沙東南郊古墓，[註6] 進行清理工作，至一九五六年上半年止，共清理楚墓二百零九座（子彈庫有三十五座），其形制蓋可示之如表一。[註7]

表一　長沙楚墓墓葬形制表

| 墓葬形制 | 狹長形豎穴墓 | 長方形豎穴墓 | 備　　　註 |
|---|---|---|---|
| 墓葬數目 | 108 座 | 101 座 | |
| 墓底大小 | 1.9～2.62 × 0.53～0.98（m） | 2.34～4.71 × 1.08～3.13（m） | 狹長形長寬之比約 3：1 長方形長寬之比約 3：2 |
| 墓葬深度 | 因平土方，故無法觀測，約 0.22～3.6（m） | 0.29～7.1（m） | |
| 墓室方向 | 南北向 74 座 東西向 34 座 | 南北向 52 座 東西向 28 座 | 南北向均有偏東偏西的；東西向均有偏南偏北的。 |

〔註 4〕〈長沙戰國繒書及其有關問題〉，安志敏、陳公柔，《文物》1963 年第九期，頁 60。

〔註 5〕基建工程，係指於 1953 年 1 月成立之「湖南省文物管理委員會文物清理工作隊」，負責湖南全省基建工地之文物清理發掘工作而言。

〔註 6〕此處之墓葬，包括：黃泥坑五十三座、子彈庫三十五座、月亮山五十二座、左家公山三十一座、廖家灣二十二座、麻園嶺及識字嶺各八座，共二百零九座。

〔註 7〕此表係按湖南省博物館發表之〈長沙楚墓〉一文製成，文見《考古學報》1959 年第一期，頁 41～60。

| 埋葬土層 | 紅土層 | 多數紅土層，少數已接近礫石層表面。 | |
|---|---|---|---|
| 塡　土 | 有直徑 0.05m 圓形夯印。 | 有直徑 0.05m 圓形夯印。 | |
| 梯　穴 | 三角形梯穴數目不等，隨墓葬深淺而不同，有三或五個不等。 | 無 | 梯穴用以備上下。 |
| 墓　道 | | 寬約 1.04~1.8m。斜坡式 30 度，設在頭向一邊。 | |
| 壁　龕 | 67 座 | 8 座 | 〔註 8〕 |
| 二層台 | 10 座 | 3 座 | 〔註 9〕 |
| 枕木 | 無記載 | 頭足兩端木槨下，常有枕木兩根 | 長方形墓未發現枕木者亦常發現枕木溝，蓋其時有枕木之置，唯腐朽耳。 |

　　按由湖南省博物館清理長沙古墓所發表簡報，〔註10〕歸納長沙東南郊（含子彈庫）古墓二百零九座，依墓葬形制，可分爲戰國早、中、晚三期。早期墓葬之形式，一般均爲狹長形帶頭龕之豎穴墓；中期墓葬之形式，則有狹長形及長方形兩種，亦均爲豎穴墓；晚期之墓葬，則大部份呈長方形豎穴墓，少數仍爲狹長形。

　　今出土楚帛書之墓葬形制，據一九七三年發掘簡報，〔註11〕歸納如表二。知出土楚帛書之墓葬，亦爲長方形豎穴墓，其墓葬形制、各部尺寸，均與湖南省博物館於一九五九年清理之長方形豎穴楚墓相近。依前述長沙東南郊二百零九座楚墓之比較、歸納，知長沙楚長方形豎穴墓，僅戰國中、晚期方出現（早期一般爲狹長形帶頭龕之豎穴墓），是以知出土楚帛書之墓葬，當爲戰國中、晚期之遺物。

---

〔註 8〕壁龕，係在墓壁上挖洞，以存放隨葬品，稱之爲壁龕。以屍體之頭向爲準，一般又分頭龕、足龕、邊龕三者。

〔註 9〕二層台，係於土坑豎穴墓，接近於墓底之四壁台階，稱之爲二層台。如係挖墓時預留之台階，稱生土二層台；如係下棺後另築之台階，稱熟土二層台。二層台常用以存放隨葬品，甚至埋葬殉葬人。簡言之，即墓室下部向內凸出之土台。少者，僅一壁有之；多則四壁均有之。

〔註10〕參見〈長沙楚墓〉，湖南省博物館，《考古學報》1959 年第一期，頁 41～60。

〔註11〕〈長沙子彈庫戰國木槨墓〉，湖南省博物館，《文物》1974 年第二期，頁 36～43。

表二　出土楚帛書之墓葬形制表

| 墓葬形制 | 長方形豎穴墓 | 備　註 |
|---|---|---|
| 墓底大小 | 3.78×2.46（m） | |
| 墓葬深度 | 7.42m | |
| 墓室方向 | 墓向 115 度屬東西向，頭向東偏南 25 度。 | |
| 埋葬土層 | 网紋紅土層。 | |
| 塡　土 | 有直 0.05m 圓形夯印。 | |
| 梯　穴 | 無 | |
| 墓　道 | 寬 1.5m。斜坡式，坡度 23 度，設在頭向一邊。 | |
| 壁　龕 | 頭箱邊箱各一。 | |
| 二層台 | 無 | |
| 枕　木 | 二根，頭、足部位各一。 | |

## 二、壁　龕

　　壁龕，係在墓壁上挖洞，以存放隨葬品，稱之。一般以屍體之頭向爲準，又分爲頭龕、足龕、邊龕三者。據郭德維研究江漢地區之墓葬，知戰國楚墓壁龕之設置，蓋可分爲三期，其說云：

　　　　戰國早期，較小之楚墓多設置頭龕。……戰國中期以後，楚墓的壁
　　　　龕極少，用途與早期同。〔註12〕

　　今出土楚帛書之墓葬，依挖掘簡報〔註13〕知，並無壁龕之設置。依郭文判斷，戰國中期以後，楚墓之壁龕極少，是以知出土楚帛書墓葬之時代，最早可推至戰國中期。

## 三、棺　束

　　棺束一名，首見於《禮記・檀弓》上，其云：「天子之棺四重；水兕革棺被之，其厚三寸，杝棺一、梓棺二，四者皆周。棺束縮二衡三，衽每束一。柏槨以端長六尺。」〔註14〕鄭注：「衡亦當爲橫。」孔疏：「棺束者，古棺木

---

〔註12〕〈試論江漢地區楚墓、秦墓、西漢前期墓的發展與演變〉，郭德維，《考古與
　　　　文物》1983 年第二期，頁 82。
〔註13〕同註 11。
〔註14〕《禮記》，十三經注疏本，藍燈出版社，頁 153。

無釘，故用皮束合之。縮二者，縮，縱也。縱束者用二行也。衡三者，橫束者三行也。」知棺束，蓋用以束棺、固棺也。《禮記・喪大記》中，對棺束之使用，因身份地位之不同而有數目多寡之別，其云：「君蓋用漆，三衽三束；大夫蓋用漆，二衽二束；士蓋不用漆，二衽二束。」〔註15〕孔疏：「束謂以皮束棺也。」由《禮記》知，棺束之數目有二等，君（天子、諸侯）爲三束，大夫、士爲二束，《禮記》所言之「束」，蓋指橫束而言，其〈檀弓〉言「天子之棺四重，……棺束縮二衡三，衽每束一。」正與〈喪大記〉言「君蓋用漆，三衽三束。」合，此所謂「束」，指的是「橫束」而言。棺具大抵爲長方形，其長邊之衽之數目，必多於短邊，由出土實物，如長沙五里牌 M405 號棺束（圖一）更可證知。故由〈檀弓〉之「縮二"衡三"」，與〈喪大記〉之「三衽"三束"」，益知「束」專指橫束而言。由是知，先秦周制之棺束，係以「橫束」之多寡，來區別貴族之等級。《周禮・司士》「作六軍之事執披。」條下鄭注云：「天子、諸侯載柩三束，大夫、士二束。」〔註16〕與《禮記》所載切合，知上所述可據。

　　至如楚國，就考古挖掘楚墓群知，楚之棺束與其身份地位之關係，似不如周制之明確，然以橫束爲主，卻是一致，所不同者，周之棺束（橫束），因貴族等級之不同而有別；楚之棺束（橫束），卻因材質及時代之不同而異。是以以楚墓群橫向棺束之數目，區別類聚，析其時代範圍，以爲日後楚墓時代劃分之據，今述之如下：

　　楚墓棺束之制，因材質之不同而有麻繩、麻布（或葛布）、絲帛之分，就其捆束緘封形式而言，又各有其形制。以麻繩捆束言，其橫向一般每道捆三或四周，縱向則每道捆二或三周，其捆數有五橫、三橫之別。〔註17〕五橫之麻繩束，只見於春秋早、中期，見表三；〔註18〕三橫之麻繩束，則自春秋早期至戰國中期均有所發現，見表四。〔註19〕

---

〔註15〕同註14，頁786。
〔註16〕《周禮》，十三經注疏本，藍燈出版社，頁472。
〔註17〕棺束之材質，有麻繩、麻布（或葛布）、絲帛之分，其繫組方式有橫豎之不同，然一般用以區別墓主等級，或評判時代先後，除依材質分外，主以橫束數目之多寡爲準，是以但言「橫」，而不言「豎」。
〔註18〕此表引自〈淺談楚墓中的棺束〉（表一），高崇文，《中原文物》1990年第一期，頁81。
〔註19〕此表係由註18（表二）增益而成。文見，頁81～82。

### 表三　五橫組麻繩棺束統計表

| 墓　　號 | 棺束形式 | 棺槨層數 | 時　代 | 出　　處 |
|---|---|---|---|---|
| 當陽趙家塝 m1 | 五橫 | 一槨一棺 | 春秋早期 | 《江漢考古》，1982 年第一期 |
| 當陽趙家塝 m2 | 五橫一豎 | 一槨一棺 | 春秋早期 | 《當陽趙家湖楚墓的分類與分期》《中國考古學會第二次年會論文集》《文物》，1982 年第四期 |
| 當陽趙家塝 m3 | 五橫一豎 | 一槨一棺 | 春秋中期 | |
| 當陽趙家塝 m4 | 五橫 | 一槨一棺 | 春秋中期 | |
| 當陽曹家崗 m3 | 五橫二豎 | 一槨一棺 | 春秋中期 | |
| 當陽金家山 m1 | 五橫一豎 | 一槨一棺 | 春秋中期 | |

### 表四　三橫組麻繩棺束統計表

| 墓　　號 | 棺束形式 | 棺槨層數 | 時　代 | 出　　處 |
|---|---|---|---|---|
| 當陽曹家崗 m1 | 三橫 | 一槨一棺 | 春秋早期 | 《當陽趙家湖楚墓的分類與分期》 |
| 當陽曹家崗 m2 | 三橫 | 一槨一棺 | 春秋中期 | 《中國考古學會第二次年會論文集》文物出版社 1980 年 |
| 當陽金家山 m1 | 三橫 | 一槨一棺 | 春秋中期 | |
| 當陽金家山 m2 | 三橫 | 二槨一棺 | 春秋中期 | |
| 當陽金家山 m7 | 三橫 | 一槨一棺 | 春秋中期 | |
| 江陵東岳廟 m4 | 三橫 | 一槨一棺 | 春秋中期 | 《考古學報》，1982 年第四期 |
| 當陽曹家崗 m5 | 三橫一豎（主棺） | 一槨二棺 | 春秋晚期 | 《考古學報》，1988 年第四期 |
| 長沙瀏城橋 m1 | 三橫二豎 | 一棺二槨 | 戰國早期 | 《考古學報》1972 年第一期 |
| 江陵雨台山 m373 | 三橫 | 一槨一棺 | 戰國早期 | 《江陵雨台山楚墓》 |
| 江陵天星觀 m1 | 三橫 | 一槨三棺 | 戰國中期 | 《考古學報》1982 年第一期 |
| 江陵望山 m1 | 三橫二豎 | 一槨二棺 | 戰國中期 | 《文物》1966 年第五期 |
| 江陵藤店 m1 | 三橫二豎 | 一槨二棺 | 戰國中期 | 《文物》1973 年第九期 |
| 鄂城鋼廠 m53 | 三橫 | 一槨一棺 | 戰國中期 | 《考古》1978 年第四期 |
| 枝江姚家港 m2 | 三橫 | 一槨二棺 | 戰國中期 | 《考古》1988 年第二期 |
| 江陵雨台山 m166 | 三橫二豎 | 一槨一棺 | 戰國中期 | 《江陵雨台山楚墓》，文物出版社，1984 年 |
| 江陵雨台山 m557 | 三橫二豎 | 一槨一棺 | 戰國中期 | |
| 江陵雨台山 m263 | 三橫二豎 | 一槨一棺 | 戰國中期 | |
| 江陵雨台山 m179 | 三橫二豎 | 一槨一棺 | 戰國中期 | |

| 江陵雨台山 m554 | 三橫 | 一槨一棺 | 戰國中期 | 《江陵雨台山楚墓》，文物出版 |
|---|---|---|---|---|
| 江陵雨台山 m323 | 三橫 | 一槨一棺 | 戰國中期 | 社，1984 年 |
| 江陵雨台山 m420 | 三橫 | 一槨一棺 | 戰國中期 | |
| 江陵雨台山 m174 | 三橫 | 一槨一棺 | 戰國中期 | |
| 江陵雨台山 m419 | 三橫 | 一槨一棺 | 戰國中期 | |
| 江陵雨台山 m438 | 三橫 | 一槨一棺 | 戰國中期 | |
| 江陵雨台山 m373 | 三橫 | 一槨一棺 | 戰國中期 | |
| 荊門包山 m2 | 三橫二豎 | 二槨三棺 | 戰國中期 | 《包山楚墓》，文物出版社， |
| 荊門包山 m4 | 三橫二豎 | 一槨二棺 | 戰國晚期 | 1991 年 |

以麻布緘封而言，未發現五橫者，今所發現三橫之墓葬，僅見於戰國中期及中晚期，其間亦包括用葛布緘封者，見表五。〔註20〕

表五　麻布棺束統計表

| 墓　號 | 棺束形式 | 棺槨層數 | 時　代 | 出　　處 |
|---|---|---|---|---|
| 江陵雨台山 m354 | 三橫一豎 | 一槨二棺 | 戰國中期 | 《江陵雨台山楚墓》，文物出版 |
| 江陵雨台山 m555 | 三橫 | 一槨二棺 | 戰國中期 | 社，1984 年。 |
| 江陵雨台山 m245 | 三橫（設棺環） | 一槨一棺 | 戰國中期 | |
| 江陵馬山 m1 | 三橫 | 一槨一棺 | 戰國中期 | 《文物》1982 年十期 |
| 長沙五里牌 m406 | 三橫二豎（葛布） | 一槨二棺 | 戰國中晚期 | 《長沙發掘報告》 |
| 長沙陳家大山 m124 | 三橫（葛布） | 一槨一棺 | 戰國中晚期 | 科學出版社，1957 年。 |
| 荊門包山 m1 | 三橫 | 一槨二棺 | 戰國中期 | 《包山楚墓》文物出版社，1991 年。 |

以絲帛緘封之棺束而言，亦未發現五橫者，所發現之三橫墓葬，亦均屬戰國中期及中晚期，見表六。〔註21〕

表六　絲帛棺束統計表

| 墓　號 | 棺束形式 | 棺槨層數 | 時　代 | 出　　處 |
|---|---|---|---|---|
| 江陵望山 m2 | 三橫二豎 | 一槨三棺 | 戰國中期 | 《文物》1966 年五期 |
| 江陵沙冢 m1 | 三橫二豎 | 一槨二棺 | 戰國中期 | |
| 長沙仰天湖 m25 | 三橫 | 一槨三棺 | 戰國中晚期 | 《考古學報》1957 年十二期 |

〔註20〕此表係由註18（表三）增益而成。文見，頁84。
〔註21〕引自註18（表四）。文見，頁84。

| 長沙烈士公園 m3 | 二橫（外捆麻繩） | 一槨二棺 | 戰國中晚期 | 《文物》1959 年十期 |
|---|---|---|---|---|
| 長沙楊家山　m6 | 三橫 | 一槨一棺 | 戰國中晚期 | 《文參》1954 年十二期 |

　　就上所述楚墓中，其棺束五橫者，僅見於春秋早、中期；棺束爲三橫者，以麻繩束言，則自春秋早期至戰國晚期均見之，以麻布緘封及絲帛緘封言，則僅見於戰國中期及中晚期，戰國早期以前者未見。

　　出土楚帛書之墓葬，其棺槨爲一槨二棺，其棺束爲於內棺之外部，以葛布橫緘三周。〔註 22〕今由挖掘湖南楚墓群知：楚墓三橫之葛布緘封棺束，爲戰國中期及中晚期始見及，是知楚帛書之時代，當在此範限內。

　　就上所述，依墓葬結構言，由墓葬之形制、壁龕之有無及棺束之多寡，知楚帛書之時代範限，爲由戰國中期至晚期。

圖一　長沙五里牌 M405 棺束圖

# 第二節　由隨葬器物言

　　隨葬之器物，亦爲判斷墓葬時代之一標誌，蓋各時代各國隨葬之器物，均各有其發展之途徑。器物之種類、式樣，遂均有其一定之時代規制，是以經過隨葬器物之種類，及其式樣等之比較，蓋可求得其墓葬之時代範限。

　　一九三八年盜掘出土楚帛書之墓葬，於一九七三年五月，湖南省博物館重作挖掘，所出隨葬器物，依發掘報告，〔註 23〕蓋有：

帛　　畫：一件。

漆木竹器：木梳一件、木戈二件、漆角狀器一件、竹蓆一件、竹片及竹簽二件、玉璧一件。

絲麻織物：絹、方孔紗、幾何紋錦、組帶麻繩。

〔註 22〕同註 11。

〔註 23〕〈長沙子彈庫戰國木槨墓〉，湖南省博物館，《文物》1974 年第二期，頁 38～39。

另據參與盜掘帛書出土之人之回憶，將該墓盜掘前之隨葬情況，補述如下：

> 頭箱內：北端鋪蘆葦蓆一塊，長約 40、寬約 20 厘米。蓆上置一三足木雕龍，髹黑漆，也就是"木寓龍"。南端有竹笥一個，長約 40、寬約 20 厘米。內盛未經燒製由青膏泥制作的泥金版數百塊。泥金版長約 3.5、寬約 3 厘米，有無文字不明。《繒書》一端搭在三腳木寓龍尾部，一端搭在竹笥的蓋上。

> 邊箱內：東端有漆耳杯四件，木梳、木戈各一件，皮帶一根。中部放置陶器鼎、敦、壺各四個以及陶勺、匜各一，并有一徑約 24 厘米、高約 8 厘米的夾紵胎漆盤。西端有著衣木俑八個，高約 50 厘米。邊箱緊貼南壁有帶柄的戈、矛、劍各一，戈長約 1.5 米，矛長約 2 米，劍長約 0.7 米。劍裝在槨內。當時漆、木、竹器均保存甚好，銅劍鋒利發亮。〔註 24〕

今據一九七三年挖掘出土之器物，足資作為時代之推論者，有陶禮器。另據昔年盜墓者之回憶，其所述及之隨葬器，與一九七三年發掘出土之隨葬器，或有增減，其說大略可信，唯小數與實際情況相左，〔註 25〕因係回憶之作，故僅列為佐證。此部份足資推論時代之範圍者，蓋有泥金版。今據上述，言之如下。

## 一、陶禮器

隨葬禮器之材質，因社會地位及財力之不同而有所區別，分青銅禮器及陶禮器。青銅禮器一般屬於大型墓（中型墓少數）；陶禮器則屬於中、小型墓葬。

---

〔註 24〕同註 23，頁 40，附錄。

〔註 25〕據盜墓者回憶，其時隨葬器物之擺置，與實際情況不合者，有：回憶者稱「繒書」係一端搭在三腳木寓龍尾部，一端搭在竹笥的蓋上。今視楚帛書紅外線照片影本，其上有折痕，知帛書係折疊存放（按帛書係八折存放。諾埃爾·巴納德有帛書折疊復原圖，請參《Scientific Examination of an Ancient Chinese Document as a Prelude，Translation，and Historical Assessment-The Chu Silk Manuscript》，Noel Barnard Published by Deparment of Far Eastern History Reserch School of Pacific Studies Institute of Advanced Studies The Australian Nation University Canberra . 1973，頁 13。回憶者所述，與此不合。另有漆盤，據蔡季襄《晚周繒書考證》所附圖，漆盤所繪紋飾精麗，與帛書上所繪之繪畫，顯有極大之差別，疑非一墓所出，當為較後時代之作品。

一般而言，陶禮器蓋倣效銅禮器而來，及至其後，大型墓亦偶有全以陶禮器隨葬者。〔註26〕而楚國墓葬隨葬之禮器，以中、小型墓言，約於春秋戰國之交，發生重大之變化，普遍由銅質變爲陶質。且隨葬禮器中出現簠或敦，爲楚葬制等級之一標誌，因爲簠爲傳統禮器，級別較高；敦是春秋中晚期新出現之禮器，級別較低。銅質禮器又比陶質禮器之級別高些。〔註27〕除由隨葬禮器材質之不同可資以判斷其時代外，其組合形式、器形亦足資爲判斷之依據。

## （一）隨葬陶禮器之組合形式

一般用以評判墓葬年代之陶禮器，爲鼎、鬲、敦、盒、壺、鈁（方壺）六者。以此六者之搭配出現，而用以判斷其墓葬時代，據多年楚墓群考古資料研析知，陶禮器之隨葬，蓋有三種組合形式，且已獲大眾公認，即 1. 出陶鬲之墓，早於出陶敦者，一般以屬戰國早期或更早；2. 屬戰國中期至晚期之鼎、敦、壺；3. 屬戰國晚期之鼎、盒、壺（或加有鈁）等三種組合形式。茲就考古挖掘楚墓出土之陶禮器及其分期，列如表七（於此僅以鬲、鼎、敦、壺、鈁爲主）。〔註28〕

### 表七　楚墓陶禮器分期表

| 墓名（號） | 陶　器 | 期　別 |
|---|---|---|
| 鋼 m1 | 鼎盒壺鈁 | 戰國晚期 |
| 鋼 m4 | 〃 | 〃 |
| 鋼 m21 | 〃 | 〃 |
| 鋼 m41 | 〃 | 〃 |
| 鋼 m42 | 〃 | 〃 |
| 鋼 m68 | 〃 | 〃 |
| 鋼 m74 | 〃 | 〃 |

〔註26〕請參〈中原地區戰國墓初探〉，葉小燕，《考古》1985 年第二期，頁 164。
〔註27〕〈襄陽余崗楚墓陶器的分期研究〉，楊樹喜，《江漢考古》1993 年第一期，頁 64。
〔註28〕墓號爲「鋼某某號」者，係於鄂城鋼鐵廠附近發掘之墓，墓號七 M1 者，係七里界大隊發掘之墓，此二資料，係參考自〈鄂城楚墓〉，湖北省鄂城縣博物館，《考古學報》1983 年第二期；藤店 M1 請參〈略論九座楚墓的年代〉，陳振裕，《考古》1981 年第四期；掃 M138 請參〈記長沙、常德出土弩機的戰國墓——兼談有關弩機、弓矢的幾個問題〉，高至喜，《文物》1964 年第六期；馬磚 M1 請參〈湖北江陵馬山一號墓出土大批戰國時期絲織品〉，荊州地區博物館，《文物》1982 年第十期；雨台山 M420 請參〈江陵楚墓論述〉，郭德維，《考古學報》1982 年第二期。

| | | |
|---|---|---|
| 鋼 m93 | 〃 | 〃 |
| 鋼 m94 | 〃 | 〃 |
| 鋼 m96 | 〃 | 〃 |
| 鋼 m119 | 〃 | 〃 |
| 七 m1 | 〃 | 〃 |
| 鋼 m79 | 鼎敦壺 | 戰國中期 |
| 鋼 m80 | 〃 | 〃 |
| 鋼 m92 | 〃 | 〃 |
| 鋼 m95 | 〃 | 〃 |
| 鋼 m106 | 〃 | 〃 |
| 藤店 m1 | 〃 | 〃 |
| 掃 m138 | 〃 | 〃 |
| 馬磚 m1 | 〃 | 〃 |
| 雨 m420 | 鬲缽長頸壺 | 戰國早期 |

　　以此三種器物組合為劃分時代之標準，實非可一刀切齊，畢竟隨葬禮器與民風之轉變有絕大之關係，與年代之轉換，卻無必然之因果。各該時期有時亦有其它時期之隨葬器物出現，故不能截然劃分。然大體論之，以此三種組合形式來作為分期之標準，卻是絕大多數中、小型墓所適用。其間之鈐鍵蓋以鬲、敦、盒、鈁為評判，依組合形式知，陶鬲之隨葬，為時代較後之陶敦所取代；陶敦又為時代較後之陶盒所取代。其器物組合，高至喜述之甚詳，其云：

> 長沙楚墓根據陶器的演變和種類，可以比較明顯地分為早、中、晚三期。早期的代表性器物為陶鬲、罍形器、豆、繩紋圓底壺和缽等；中期的代表性器物為陶鼎、敦、壺及勺、豆、缽、罐、瓿、盂和紡輪等；晚期的除了鼎、敦、壺繼續盛行外，又出現了鼎、盒、壺的組合形式，還增加了鈁、盤、匜、薰爐、鐎壺等新器形。鼎、敦、壺是戰國墓中最常見最典型的器物，而出鬲、罍形器的早期墓，絕不見有鼎、敦、圈足壺的出現。可見鬲的時代早于鼎、敦、壺無疑。
> 〔註29〕

　　據一九七三年對出土楚帛書之墓葬重新挖掘，〔註30〕出土隨葬陶禮器之組合為鼎、敦、壺，外加匜、勺，依高文推知，鼎、敦、壺之器物組合，為

〔註29〕〈評《長沙發掘報告》〉，高至喜，《考古》1962 年第一期，頁 47。
〔註30〕同註23。

戰國中期至晚期均有之，而中期之隨葬代表性器物，除鼎、敦、壺外，尚有
勺等；而晚期隨葬代表性器物，除鼎、盒、壺外，尚有匜等。今據出土器物
之組合形式爲鼎、敦、壺、匜、勺，兼具戰國中、晚期之器物組合。加以匜、
勺同出，知爲中晚期隨葬器物之過渡期，〔註31〕是以出土楚帛書之墓葬時代，
爲戰國中晚期之交。

## （二）器　形

墓葬時代之範限，除可由隨葬陶禮器之組合形式推得外，亦可經由器形
之比較求得之。現擬由隨葬陶禮器之器形，與戰國楚墓隨葬之陶禮器，進行
比對，以求出其相對之墓葬時代。據發掘報告，知出土楚帛書墓葬之陶禮器
器形如下：〔註32〕

陶鼎　深腹，圓底，方耳，蹄形足。腹部有凸弦紋一道，蓋頂近平，上
　　　有三紐，器表有錫箔狀貼片。通高 19、口徑 15、腹徑 19、足高
　　　11.8 厘米（圖一）。

陶敦　輪制，深腹，成球形，上、下三紐成 S 形。腹下有凹弦紋一道，
　　　先刻劃凹弦紋，然後用手捏三紐正好將凹弦紋切成三段。器表有
　　　錫箔狀貼片，通高 19、腹徑 18.5 厘米。

---

〔註31〕高至喜於〈再論湖南楚墓的分期與年代〉中述及，湖南小型楚墓之隨葬陶器
　　　　組合，蓋可分爲九組。其第五組爲以鼎、敦、壺爲主要組合型式，或伴出鐎
　　　　壺、盤、匜、鈁，高至喜將此種組合型式之墓葬，定爲戰國早、中期，較其
　　　　原說（按指〈評《長沙發掘報告》〉參註29）爲早。另由「鈁」隨葬之有無，
　　　　可定其時代之先後。高至喜〈評《長沙發掘報告》〉云：「根據我們近年來的
　　　　發掘證明，鈁開始出現于戰國晚期，而盛行於西漢，絕跡於新莽。長沙晚期
　　　　楚墓中發現了十五件陶鈁；1954 年楊家灣六號墓中發現了木鈁四件。這個墓
　　　　的時代，根據出土的墨書戰國文字的竹簡、四山字紋銅鏡、高蹄足鼎、幾何
　　　　紋笭床、漆器花紋以及墓葬形制、棺槨結構等，無一不具有戰國時期的風格，
　　　　應爲戰國墓無疑。即其時代可能較晚，甚至是戰國末期的。可見鈁一器物，
　　　　應該是開始出現於戰國晚期，至遲也是戰國末期，而不是西漢前期。」此說
　　　　甚確，然此說與其〈再論湖南楚墓的分期與年代〉一文中之第五組，有隨葬
　　　　「鈁」而定爲戰國早、中期相違。又高至喜此文，敘述第六組隨葬器物云：「第
　　　　六組除鼎、敦、壺外，還出現有鈁（方壺）。方壺本來在戰國之前早已流行，
　　　　但在小型墓中作爲一種隨葬器物卻出現較晚，且一直延續至西漢。鈁既與敦
　　　　共存，又說明這類組合的墓的年代同戰國中期接近，故可定在戰國晚期前段
　　　　或稍早。」綜上所述，知高至喜於第五組之分期顯有錯誤，當爲戰國中期或
　　　　中晚期之墓葬。〈再論湖南楚墓的分期與年代〉，高至喜，《楚文化研究論集》
　　　　第一集，楚文化研究會編，荊楚出版社，1987 年 1 月第一版，頁 24～34。
〔註32〕同註 23，頁 38。

陶壺　輪制，口外敞，長頸，頸腹部有凹弦紋三道，圜底附圈足。蓋上有三個 S 形紐，器表有錫箔狀貼片。通高 26.5、腹徑 17 厘米（圖二）。

陶匜　輪制，圓形，流很小，口稍敞，腹較淺，假圈足極其低矮，器內敷白色陶衣。口徑 8.5、高 3.5、流長 1.2 厘米。

陶勺　柄已斷，簸箕形，有低矮的假圈足。高 3.5、口徑 6.5 厘米。

據器形知與江陵望山一號墓、二號墓、〔註 33〕江陵藤店一號墓、〔註 34〕長沙南郊掃把塘一三八號墓、〔註 35〕、馬磚一號墓〔註 36〕相似。（圖三）

由比較圖知楚帛書之墓葬年代，當與其相近。而望山一號墓在祭祀先王、先君之簡文中，有「東大王、聖王、惡王。」等三位楚王名字。據考證，知簡文所記之楚王名，分別為史記所記之楚簡王、聲王及悼王，〔註 37〕「先秦時代可把祖父的號作姓，墓主惡固以悼為姓，應是悼王之後，估計有可能是悼王的第四代或第五代孫。悼王在位為公元前 401 年至 381 年，若一代按 20～25 年計算，相去悼王已 80～100 年。可見望山 M 1 下葬的年代應在公元前三百年左右。」〔註 38〕

再由器物尺寸之比較，亦可推知其時代範限。陶禮器基本上是仿製銅禮器而來，故二者間除器形有其承襲外，於器物尺寸之大小亦有其規則可循。以有蓋圓腹鼎論，其主要變化在腹部，總的趨勢是腹身向盒形發展，故腹深又有回升，平底逐漸變小，致使下腹由圓弧到斜直，將其腹形切成剖面，以其腹深與口徑對比，時代越晚，則比數越小。如包山二號墓之比為 1：1.61，張家山二○一號墓之比為 1：1.4，〔註 39〕今出土楚帛書之墓葬，其隨葬器鼎

〔註 33〕〈湖北江陵三座楚墓出土大批重要文物〉，湖北省文化局文物工作隊，《文物》1966 年第五期，頁 40、42、52。

〔註 34〕〈湖北江陵藤店一號墓發掘簡報〉，荊州地區博物館，《文物》1973 年第九期，頁 17。

〔註 35〕請參〈記長沙、常德出土弩機的戰國墓——兼談有關弩機、弓矢的幾個問題〉，高至喜，《文物》1964 年第六期，頁 37。

〔註 36〕〈湖北江陵馬山磚廠一號墓出土大批戰國時期絲織品〉，荊州地區博物館，《文物》1982 年第十期，頁 3。

〔註 37〕〈望山一號墓的年代與墓主〉，陳振裕，《中國考古學會第一次年會論文集》，文物出版社，1980 年，頁 231。

〔註 38〕文見〈江陵楚墓論述〉，郭德維，《考古學報》1982 年第二期，頁 174。

〔註 39〕《包山楚墓》，湖北省荊沙鐵路考古隊，文物出版社，1991 年 10 月第一版，頁 331。

之腹深與口徑之比爲 1：1.55。〔註40〕而敦之變化，爲由近圓形變爲橢圓形，由敦腹徑與身高之比，可見出晚者比數越大。如望山一號墓之比爲 1：1.04，包山二號墓之比爲 1：1.03，〔註41〕今出土楚帛書墓葬隨葬器敦之比爲 1：1.03。〔註42〕末言及壺之變化，爲由圓腹變爲扁圓腹，圈足由矮變高。以壺頸與肩結合處，和壺身與圈足結合處爲基點，緊貼壺外壁作直線，測定二線相交之夾角，可發現時代越晚，其角度越小，如包山二號墓爲 94 度，壽縣朱家集楚王墓爲 90 度。〔註43〕今出土楚帛書墓葬壺之交角爲 89 度；〔註44〕另由壺圈足高與腹深之比，可看出時代越晚比數越小，如望山一號墓爲 1：8.5，包山二號墓爲 1：5.59，朱家集楚王墓爲 1：4.2，〔註45〕而出土楚帛書墓葬之壺之比爲 1：4.42。〔註46〕

　　由上述器物比較，知出土楚帛書之墓葬，與包山二號墓之時代極其相近，而較包山二號墓稍晚，且早於張家山二〇一號墓及壽縣朱家集楚王墓。今由《包山楚墓》知包山二號墓之下葬年代，爲西元前三一六年，〔註47〕而張家山二〇一號墓爲戰國晚期前段之墓葬，故知出土楚帛書墓葬之下葬年代，當在戰國中期後段。

　　又陶器之變化規律，陶鼎爲口由微外敞變爲內斂，三蹄足由較矮變爲略高；陶敦則器身下爲三個矮蹄足，變爲三個 S 形足；陶壺則最大腹徑由下部向中部、近上部發展變化。〔註48〕今觀出土帛書墓葬之隨葬器，陶鼎爲口內斂、三高足；陶敦爲三個 S 形足；陶壺爲中部腹徑最大。凡此三者器形之特徵，均爲上述陶器變化規律之中末期階段，由是知出土楚帛書之墓葬年代，當在戰國中期偏晚。

---

〔註40〕今據挖掘報告（同註23），未刊載鼎腹徑之尺寸，是以今以比例尺就其刊登鼎之正視圖，實際測量，得其腹深與口徑之比爲 2.2：3.4，得其結果爲 1：1.55。

〔註41〕同註39。

〔註42〕同註23。

〔註43〕同註39。

〔註44〕今據挖掘報告（同註23），未刊載壺之此項交角，今文中之角度，係以比例尺測量挖掘報告發表壺之圖片而得。

〔註45〕同註39。

〔註46〕今據挖掘報告（同註23），未刊載壺之圈足高與腹深，今以比例尺就其刊登壺圖片之正視圖測量之，得其圈足高與腹深之比爲 1.2：5.3，得其結果爲 1：4.42。

〔註47〕同註39，頁 333。

〔註48〕〈略論九座楚墓的年代〉，陳振裕，《考古學報》1981 年第四期，頁 326。

## 二、泥金版

金版一名，首見於《周禮・秋官・職金》：「旅于上帝，則共其金版。」〔註49〕謂以金版祭享於上帝。此所謂泥金版，蓋以泥製長方版塊，再於其面塗以黃土之稱。詳後述。

據一九三八年盜掘帛書出土之人回憶言，其時於頭箱中，盛有未經燒製由青膏泥制作之泥金版數百塊，長約 3.5 寬約 3 厘米。〔註50〕又據蔡季襄言，出土繪書之墓葬，亦出土陶質金版十六枚，上鏨有郢爰印款。〔註51〕

自春秋始，使用明器〔註52〕隨葬已相當盛行，為古喪葬習俗表現形式之一。人們幻想人死之後，過著如同生前一般之生活，是以仿製生前所用器具隨葬，以滿足死者冥世之生活。初始隨葬器物，以生前所用器物，及其後，遂代以仿製相同但不可使用之器具。所以如此之理，《禮記・檀弓》上述之甚詳，其云：

> 孔子曰：「之死而致死之，不仁而不可為也；之死而致生之，不知而不可為也。是故，竹不成用，瓦不成味，木不成斲，琴瑟張而不平，竽笙備而不和，有鐘磬而無簨虡，其曰明器，神明之也。」〔註53〕

又《禮記・檀弓》下云：

> 孔子謂：「為明器者，知喪道矣，備物而不可用也。哀哉！死者而用生者之器也，不殆於用殉乎哉！其曰明器，神明之也。塗車芻靈，

---

〔註49〕《周禮》，十三經注疏本，藍燈出版社，頁542。

〔註50〕泥金版之傳聞，出自昔日參與盜掘楚帛書出土之人口中，刊載於〈長沙子彈庫戰國木槨墓〉，湖南省博物館，《文物》1974年第二期，頁40，文末附錄載云：「根據這次發掘結果，并參照1942年盜掘時參與其事的人回憶，將該墓盜掘之前的隨葬情況補述如下。頭箱內：北端鋪蘆葦蓆一塊，……內盛未經燒製由青膏泥制作的泥金版數百塊。泥金版長約三・五，寬約三厘米，有無文字不明。……。

〔註51〕請參《晚周繒書考證》，蔡季襄，藝文印書館，民國61年6月初版，頁16。

〔註52〕明器，即冥器。專為隨葬而製作之器物，從新石器時代開始，歷朝墓中均有發現。一般以陶、木、錫、鉛，及至紙製作之明器。以明器隨葬乃古代喪葬習俗表現形式之一。人們幻想人死之後，依然過著如同生前一般之生活，故仿製生前使用之器具，乃至房屋、土地、家畜、家禽、侍從等隨葬，以滿足死者冥世生活之需求。據研究神話所得之結論，一般認為原始人民之心理，可舉之特點有六，其一為「相信人死後魂離軀殼，仍有知覺，且存在於別一世界（幽冥世界），衣食作息，與生前無異。」（請參《中國神話研究ABC》，玄珠，上海書店，1990年12月第一版，頁5）是以明器之制，即為滿足死者冥世之需求。

〔註53〕《禮記》，十三經注疏本，藍燈出版社，頁144。

自古有之，明器之道也。孔子謂爲芻靈者善，謂爲俑者不仁，殆於

用人乎哉！」〔註54〕

是知隨葬明器之旨，在於將死者當作神明侍奉。

以貨幣隨葬，始自商代，其後歷代墓葬，均有貨幣發現，以冥幣隨葬，則主要流行於戰國至漢代，目前可見者以湖南地區爲多。今可見之戰國楚墓，共出四種質地之冥幣：即鉛、錫、泥、骨等。其形制有餅、版、貝、蟻鼻錢四種。泥版僅見於長沙地區楚墓。〔註55〕商承祚〈楚郢爰泥版一則〉云：

安徽鳳臺往年于廢墟出印子金塊，上有文曰郢爰。郢爲楚都，爰即鋝字，乃楚物。長沙土墓閒出泥版，上有印模十六，分作四行，每行各四，文與金塊同，左氏藏數片，其一長六公分五公釐，寬六公分四公釐，厚五公釐，每格二字作[印]，白文反書，泥色灰黑。其一殘去四分之二，長五公分四公釐，殘寬三公分三公釐，行款與上同，每格二字，作[印]，朱文正書，……面有黃土一層，色如藤黃，聞在土中，累疊若干片，每片閒以土，……有疑此爲范者，予謂冥幣也。如爲范，不當入墓，奢者以實物，儉者用泥版，面專黃土，示黃金意也。〔註56〕

商氏以泥制金版隨葬，視爲冥器是也。今於長沙發現郢爰，知爲楚幣。蓋郢爲楚都之通稱，〔註57〕又其質以泥製，面專黃土，入墓隨葬，知爲明器楚冥幣無疑。以其作長方形版狀，故名之爲泥金版。今據蔡季襄言出土繒書之墓葬，亦出土陶質金版十六枚，上鑿有郢爰印款；又據昔日盜掘帛書出土之人回憶，於其頭箱中，盛有未經燒製之泥金版數百塊。今依長沙古墓出土泥金版，知爲楚制，則爲楚墓蓋可據定。又據回憶者稱，泥金版長約 3.5、寬約 3 厘米，其形制恰約爲商文所述之半。今據上述，知出土帛書之墓葬爲戰國楚墓無疑。

---

〔註54〕同註53，頁172。

〔註55〕參見〈戰國楚墓的冥幣〉，傅聚良，《中原文物》1991年第四期，頁39。

〔註56〕參見《長沙古物聞見記》，商承祚，文海出版社，民國60年12月初版，總頁第147～148。

〔註57〕郢者，楚都之通稱。楚都於紀南城曰郢，後徙至鄀又曰鄀郢，最後徙壽春亦稱之曰郢。蓋郢者，楚都之通稱也。

圖一　陶鼎　　　　　　　　　　圖二　陶壺

藤店 M1 出土　　　　望山 M2 出土　　　　望山 M1 出土

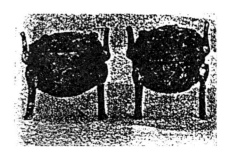

掃把塘出土　　　　　　　　掃把塘出土

左家公山 M15 出土　　　　　　　馬山磚廠出土

圖三

# 第三節　由長沙歸屬言

長沙之歸屬，分由二方面言之，即：徵之載籍與證之楚墓群。

## 一、徵之載籍

楚帛書出自長沙。長沙，於晚周屬楚之南服。《讀史方輿紀要》卷七十五
〈湖廣一〉云：

> 禹貢，荊及衡陽惟荊州，《周禮・職方》：「正南曰荊州，春秋至戰國
> 並爲楚地，其在天文，翼軫則楚分野。」〔註58〕

《歷代沿革表》卷中言湖南省云：

> 禹貢荊州之域，周爲荊州南境，春秋戰國屬楚。〔註59〕

《戰國策・楚策》蘇秦爲趙，合縱說楚威王，云：

> 楚，天下之強國也。……楚地西有黔中、巫郡，東有夏州、海陽，
> 南有洞庭、蒼梧，北有汾陘之塞、郇陽。地方五千里，……。〔註60〕

---

〔註58〕《讀史方輿記要》，顧祖禹，樂天出版社，民國62年10月25日初版，文見
　　　　卷七十五，頁3177。
〔註59〕《歷代沿革表》(冊二)，四部備要，台灣：中華書局，民國73年4月台三版，
　　　　頁137。
〔註60〕《戰國策》，中華書局據士禮居黃氏覆剡川姚氏本校刊，四部備要，文見卷十
　　　　四〈楚策〉頁6。

《史記‧越王勾踐世家》云：

> 復讎、龐、長沙，楚之粟也；竟澤、陵，楚之材也。〔註61〕

又同書〈貨殖列傳〉云：

> 衡山、九江、江南、豫章、長沙，是南楚也。〔註62〕

由上知，長沙於晚周確爲楚有。《歷代疆域形勢圖》更以「南服之勁」〔註63〕稱楚，益知其時非唯長沙爲楚有，且楚國力亦甚強大。唯至秦昭王三十年，長沙遂爲秦所取。《史記‧秦本紀》云：

> 三十年（按指秦昭王），蜀守若伐楚，取巫郡及江南，爲黔中郡。

〔註64〕

時值楚頃襄王二十二年（B.C 277）。〔註65〕

## 二、證之楚墓群

以湖南長沙考古挖掘楚墓群，就其墓葬時代與分佈區域相對照，以求出長沙於春秋戰國時期之歸屬。張正明研究楚人於春秋戰國時期之遷徙時注云：

> 澧水入洞庭湖處，距紀南城只有一百餘公里，水陸交通便利。因此，
> 楚人渡江而南，最初到的是洞庭湖西側，稍後才到了洞庭湖東側。

---

〔註61〕《史記會注考證》，瀧川龜太郎，宏業書局，民國76年7月再版，頁656。

〔註62〕同註61，頁1325～1326。

〔註63〕《歷代疆域形勢圖》，童世亨，廣文書局，民國71年8月初版，頁5。

〔註64〕同註61，頁100～101。史遷所言之「江南」蓋即指洞庭五渚爲言。《讀史方輿紀要》（四)卷七十五〈洞庭湖〉云：洞庭湖在岳州府城西南一里，或謂之九江。……許慎云：「九江即洞庭也。沅、漸、潕、辰、漵、酉、澧、濱、湘九水，皆合於洞庭中，東入江，故名九江，或謂之五渚。《戰國策》：『秦破荊襲郢，取洞庭五渚。』」文見註58，頁3195～3196。

〔註65〕蔡季襄，《晚周繒書考證》云：「不過至楚頃襄王之二十一年，郢都爲秦將白起所拔，燒夷陵、取洞庭五渚及黔中郡，楚王東北保陳城。……則此墓爲戰國時荊楚之墓葬，確無疑義。其時代，當在頃襄王二十一年以前，可斷言也。」（藝文印書館，民國61年6月初版，頁16）今考諸《史記‧楚世家》云：「二十一年，秦將白起遂拔我郢，燒先王墓夷陵，楚襄王兵散，遂不復戰，東北保於陳城。二十二年，秦復拔我巫、黔中郡。」（參註四，頁649）又據《史記‧秦本紀》云：「三十年（按指秦昭王），蜀守若伐楚，取巫郡及江南，爲黔中郡。」（同註61，頁100～101）由上知長沙於西元前二七七年，已不復爲楚有，時值楚頃襄王二十二年。於此時，長沙雖爲秦所取而不復爲楚有，然長沙楚人之民風、土俗，非可因之而一夕轉變。是以此墓雖確爲楚人所有，然非必爲秦取長沙之前，故以秦於楚頃襄王二十二年取長沙之時，爲楚帛書年代之下限，恐值商榷。

洞庭湖西側的楚墓，最早的屬於春秋中期。洞庭湖東側的楚墓，最早的屬於春秋戰國之際。楚人到達洞庭湖南側的時代，大約也在春秋戰國之際，此後楚人繼續南進，西邊是在沅水流域開拓巴人地區，設立了黔中郡；東邊是在湘水流域開拓揚越地區，設立了江南諸縣。楚人在戰國早期和中期經略的湖南之地，就縱向而言是洞庭、蒼梧之間，就橫向而言是沅水、湘水之間。屈原《九歌・湘君》所寫的"令沅湘兮無波，使江水兮安流"，正是南下的楚人的願望。在沅水流域，發現了一些屬于這個時期的楚墓和巴墓，已知最南的在黔陽縣。在湘水流域，發現了許多屬于這個時期的楚墓和越墓，已知最南的在資興縣。處于湘水下游的長沙一帶，楚墓尤爲密集。〔註66〕

　　張正明藉由楚墓考古之挖掘，區別其時代範限，以爲楚人於春秋戰國之際遷徙之依據，實可從。今借以證知，長沙於晚周確屬楚所有。於一九五九年湖南省博物館發表之〈長沙楚墓〉，其文云：

　　　　長沙在兩千多年以前，便成爲楚國的重要城邑，因而埋藏古代墓葬很多。解放幾年來，僅湖南文管會所清理的楚墓，便有 1000 餘座。這些楚墓的分佈地區，除西郊因湘水的阻隔較爲稀少外，東郊、南郊、北郊都散佈著很多。〔註67〕

　　由是，益知長沙於春秋戰國之際爲楚有無疑。今於一九三八年盜掘出土之帛書出自長沙，其墓葬諸方資料，均與長沙楚墓吻合（詳本章第一、二、五節），知此帛書爲楚物無疑。

# 第四節　由文字內容言

## 一、由文字言

　　楚帛書之結構，爲由三部份組成（詳第二章第三節），整帛文字共九百餘字。字形奇詭，形體呈扁圓體勢，加以省簡、增繁，變體雜置（詳第十章第一節），頗難釋讀。《說文解字・敘》云：「其後諸侯力政，不統於王，惡禮樂之害己，而皆去其典籍。分爲七國，田疇異畝、車涂異軌、律令異法、衣冠

---

〔註66〕　《楚文化史》，張正明，上海人民出版社，1987 年 8 月第一版，頁 138，（註 3）。
〔註67〕　〈長沙楚墓〉，湖南省博物館，《考古學報》1959 年第一期，頁 41。

異制、言語異聲、文字異形。秦始皇帝初兼天下，丞相李斯乃奏同之，罷其不與秦文合者。……所謂小篆者也。」〔註68〕今視帛書文字，與秦篆之結體大異其趣，知爲戰國六國之文字。今證之以《說文》（表一）、《三體石經》（表二）之古文，益申此說之可據。

表一　秦篆、說文古文、楚帛書文字對照表〔註69〕

| 文字／字體 | 旁 | 帝 | 正 | 於 | 敢 | 長 | 至 | 風 | 丞 |
|---|---|---|---|---|---|---|---|---|---|
| 秦　篆 | | | | | | | | | |
| 說文古文 | | | | | | | | | |
| 楚帛書 | | | | | | | | | |

表二　秦篆、三體石經古文、楚帛書文字對照表〔註70〕

| 文字／字體 | 有 | 命 | 惟 | 朝 | 至 | 乃 | 則 | 衙 | 如 | 亂 |
|---|---|---|---|---|---|---|---|---|---|---|
| 秦　篆 | | | | | | | | | | |
| 三體石經古文 | | | | | | | | | | |
| 楚帛書 | | | | | | | | | | |

　　胡小石論古文之變遷云：

　　以文字而論，……異姓諸國之書體，亦由方變圓，然纖勁而行筆長，

---

〔註68〕《說文解字注》，漢・許慎撰，清・段玉裁注，黎明文化出版，民國 80 年 8月增訂八版，頁 765。

〔註69〕秦篆、說文古文之字形影本，出處同註 68。楚帛書文字之影本，係影自美國紐約大都會博物館之楚帛書紅外線照片影本，請參，《THE CHU SILK MANUSCRIPT ～Translation and Commentary～》，Noel Barnard Published by Deparment of Far Eastern History Reserch School of Pacific Studies Institute of Advanced Studies The Australian Nation University Canberra. 1973。所附圖。

〔註70〕同註 69。三體石經古文，影自《鐘鼎篆籀大觀》，吳大澂輯，中國書店，1987年 6 月第一版。

> 與周之溫厚而行筆短者迴別。此中復分爲二派：北方以齊爲中心；
> 南方以楚爲中心。……至齊楚之分，齊書整齊，而楚書流麗。整齊
> 者流爲精嚴，而流麗者則至於奇詭不可復識。〔註71〕

又於〈齊楚古今表〉云：

> 古今文字派別，約有四涂，……其三爲齊派，其四爲楚派。兩者皆
> 同出於殷，用筆皆纖勁而多長，其結體多取從勢。所異者：齊書寬
> 博，其季也，筆尚平直，而流爲精嚴，楚書流麗，其季也，筆多寬
> 曲，而流爲奇詭。〔註72〕

由是知齊、楚文字皆以圓筆爲之，唯齊文字流於精嚴，而楚文字偏於奇詭。今視帛書文字，確爲奇詭一派，其字形、結體與荊門包山、〔註73〕信陽長台關、〔註74〕長沙仰天湖、〔註75〕江陵天星觀、〔註76〕江陵望山，〔註77〕等所出楚竹簡之文字相同或相似，知帛書爲戰國楚物無疑。今申之以文字對照，如表三。

### 表三之一　楚簡與楚帛書文字對照表

| 文字 / 字體 | 之 | 黃 | 于 | 戠 | 有 | 城 | 下 | 相 | 大 | 師 |
|---|---|---|---|---|---|---|---|---|---|---|
| 包山楚簡 | | | | | | | | | | |
| 信陽楚簡 | | | | | | | | | | |
| 仰天湖楚簡 | | | | | | | | | | |
| 楚帛書 | | | | | | | | | | |

---

〔註71〕　參《胡小石論文集》，胡小石，上海古籍出版社，1982 年 6 月第一版，頁 171。
〔註72〕　同註 71，頁 174。
〔註73〕　《包山楚墓》，湖北省荊沙鐵路考古隊，文物出版社，1991 年 10 月第一版。
〔註74〕　《信陽楚墓》，中國社會科學院考古研究所編，文物出版社，1986 年 3 月第一版。
〔註75〕　〈長沙仰天湖第 25 號木槨墓〉，湖南省文物管理委員會，《考古學報》1957 年第二期，頁 85～94。
〔註76〕　〈江陵天星觀 1 號楚墓〉，湖北省荊州地區博物館，《考古學報》1982 年第一期，頁 71～115。
〔註77〕　〈湖北江陵三座楚墓出土大批重要文物〉，湖北省文化局文物工作隊，《文物》1966 年第五期，頁 33～55。

表三之二　楚簡與楚帛書文字對照表

| 文字 / 字體 | 酓 | 散 | 於 | 長 | 為 | 曰 | 易 | 之 | 如 | 亓 |
|---|---|---|---|---|---|---|---|---|---|---|
| 天星觀楚簡 |  |  |  |  |  |  |  |  |  |  |
| 望山楚簡 |  |  |  |  |  |  |  |  |  |  |
| 楚帛書 |  |  |  |  |  |  |  |  |  |  |

又字體「大」字寫作「个」、「邑」字寫作「多」，爲戰國楚文字所特有。〔註78〕今帛書「大」作「个」（〈四時篇〉六‧25，〈宜忌篇〉四月、七月、八月）；「邑」作「多」（〈宜忌篇〉二月，〈天象篇〉四‧21、四‧33鼬字所從之邑部），是知帛書爲戰國楚物。

## 二、由內容言

### （一）用　韻

帛書中間正倒兩篇文章〈四時篇〉及〈天象篇〉大抵以四字爲句，均爲有韻之文。舉例言之，如：

〈四時篇〉：盧、胥、魚、於、疏、雨，魚部；襄、襄，陽部；融、降，冬部。

〈天象篇〉：當、尚、行、羕、湯、方，陽部；戔、歲、月，月部。

清趙翼〈古文用韻〉云：

古人文字，未有用韻者。尚書喜起，及五子歌三風十愆之類，皆歌耳……散文有韻，顧寧人以尚書「帝德廣運」一節，及繫辭「鼓之以雷霆」一節，謂皆化工之文，自然成韻者。〔註79〕

今考散文用韻之風，蓋起自戰國。〔註80〕由整帛文字觀之，其文辭確與《詩經》、《楚辭》之風格韻調相類似，是知帛書爲戰國時物。

---

〔註78〕詳見〈論先秦文字中的「＝」符〉，林素清，中央研究院歷史語言研究所集刊，第五十六本，民國74年12月初版，頁813。

〔註79〕《陔餘叢考》，趙翼，世界書局，民國67年4月四版，〈古文用韻〉文見卷二十二，頁8～9。

〔註80〕〈夏小正月令異同論〉，莊雅州，《孔孟月刊》第二十一卷第十一期，頁21。

## （二）東　國

帛書《天象篇》中有「西毾有吝」（四・20～23）、「東毾有吝」（四・32～五・1）之句。西毾、東毾、實即西國、東國，今考楚「東國」一名，首見於《戰國策・楚策》卷十七　長沙之難章，其云：

> 長沙之難，〔註81〕楚太子橫爲質於齊。楚王死，薛公歸太子橫，因與韓魏之兵隨而攻東國，太子懼。昭蓋曰：「不若令屈署以新東國爲和於齊以動秦，秦恐齊之敗東國而令行於天下也，必將救我。」楚太子曰：「善。」遂令屈署以東國爲和於齊。秦王聞之懼，令辛戎告楚曰：「毋與齊東國，吾與子出兵矣！」〔註82〕

又《戰國策・楚策》卷十五云：

> 楚襄王爲太子之時，質於齊。懷王薨，太子辭於齊王而歸。齊王隘之：「予我東地五百里，乃歸之。子不予我，不得歸。」太子曰：「臣有傅，請追而問傅。」傅慎子曰：「獻之地，所以爲身也。愛地不送死父，不義。臣故曰，獻之便。」太子入，致命齊王曰：「敬獻地五百里。」齊王歸楚太子。〔註83〕

由上知「東國」，爲楚國東部之總稱，此地靠近齊國，約當今之淮北一帶。「東國」一名，於楚太子橫（楚頃襄王）爲質於齊時已有，今「東國」一名又見於帛書，知帛書之時代與太子橫於齊作人質之年代約相當。《史記・六國年表》楚表作「秦、韓、魏、齊，敗我將軍唐昧於重丘。」〔註84〕繫於楚懷王二十八年（B.C 301），今知太子橫爲質於齊，爲西元前三〇一年事，是知帛書之時代約與之相當。又帛書所言之「東毾又吝」（〈天象篇〉四・32～五・01），或即指楚割東國與齊國一事，蓋〈宜忌篇〉十二段文字或爲古月令之初胚。月令之作自以實用爲主，欲加強其可信度，是以引用已發生之事實作爲評判之準據。依此，則帛書之「東毾又吝」，實即指楚割東國與齊一事，今知楚割東國與齊，爲西元前三〇一年之事，則楚帛書之作，或不能早於此年。

## （三）神話系統

---

〔註81〕長沙，疑即垂沙之訛。詳《戰國策新校注》（上），繆文遠，巴蜀書社，1987年9月第一版，頁564。

〔註82〕《戰國策》，中華書局據士禮居黃氏覆剡川姚氏本校刊，四部備要本，文見卷十七〈楚策〉，頁3。

〔註83〕同註82，頁2～3。

〔註84〕《史記會注考證》，瀧川龜太郎，宏業書局，民國76年7月再版，頁288。

　　帛書中有伏犧、華胥（？）、女蕫、禹、祝融、帝夋、炎帝、共工等神話人物。其中包含南方之神話人物，亦有北方、中部之神話人物。

　　《史記・楚世家》云：

> 楚之先祖，出自帝顓頊高陽。高陽者，黃帝之孫、昌意之子也。高
> 陽生稱，稱生卷章，卷章生重黎。重黎爲帝嚳高辛居火正。甚有功、
> 能光融天下。帝嚳命曰：「祝融。」……陸終生子六人，……六曰季
> 連。芈姓，楚其後也。〔註85〕

又《國語・鄭語》云：

> 夫黎爲高辛氏火正，以淳燿惇大天明地德光照四海，故命之曰祝融，
> 其功大矣！〔註86〕

上言祝融爲顓頊之後，楚人又爲祝融之後裔，並奉祝融爲始祖。其對祝融之崇敬，由《史記・楚世家》可見其一般，其云：「滅夔，夔不祀祝融、鬻熊故也。」〔註87〕又《左傳・僖公二十六年》云：「夔子不祀祝融與鬻熊，楚人讓之。對曰：『我先王熊摯有疾，鬼神弗赦，而自竄於夔，吾是以失楚，又何祀焉？』秋，楚成得臣鬥宜申帥師滅夔，以夔子歸。」〔註88〕夔子因不祀祝融與鬻熊，楚以爲大逆不道，遂滅之。上所引文中之「高辛」（帝嚳），即帛書所云「天霝帝夋，乃爲日月之行」〔註89〕中之「帝夋」。

　　《尚書大傳・洪範・五行傳》云：「南方之極，自北戶南至炎風之野，帝炎帝、神祝融司之。」〔註90〕知炎帝與祝融爲南方之神。《呂氏春秋》、《禮記》、《淮南子》亦均以祝融爲炎帝之佐神。今帛書云「炎帝乃命祝融」（四時篇六・1～6）句，與《山海經・海內經》所載洪水神話合，其云：「洪水滔天。鯀竊帝之息壤以堙洪水，不待帝命。帝令祝融殺鯀於羽郊。鯀復生禹。帝乃命禹卒布土以定九州。」〔註91〕今由炎帝、祝融二神所居，知爲南方神系統。帛

---

〔註85〕　同註84，頁630～631。
〔註86〕　《國語》，上海涵芬樓借杭州葉氏藏明金李刊本影印，四部叢刊，文見〈鄭語〉
　　　　　第十六，頁2。
〔註87〕　同註84，頁633。
〔註88〕　《左傳》，十三經注疏，藍燈出版社，頁265。
〔註89〕　參見〈四時篇〉六・33～七・5。按〈四時篇〉即指帛書中間兩段文章中之八
　　　　　行文，以其內容記四時之生成，李學勤〈論楚帛書中的天象〉（《湖南考古輯
　　　　　刊》第一輯）建議題爲〈四時〉，今從之。
〔註90〕　《尚書大傳》，上海涵芬樓藏左海文集本，四部叢刊，頁45。
〔註91〕　參見《山海經校注》，袁珂，上海古籍出版社，1980年7月第一版，頁472。

書〈四時篇〉，特別加重對炎帝、祝融之描寫，知帛書為楚物當無可疑。又帛書中出現非南方神話之人物，顯然是楚國文化發展中南北文化交融之一明證。

## 第五節　由楚墓之特徵言

　　帛書之時代推判，說已如上，唯為推論之資，實仍有多端可參。由多年來考古挖掘數以千計之楚墓，歸納得知楚墓規制之特殊處，如內棺底部常有雕花等床、木槨下部頭足兩端常各有枕木一根、且於木槨外部填以厚薄不等之白膏泥或青膏泥、〔註92〕墓上之填土亦均經夯實，舉其大者如長沙左家公山 15 號墓、長沙楊家灣 6 號墓、長沙仰天湖 25 號墓，〔註93〕望山一號墓、二號墓、沙冢一號墓，〔註94〕又楚人尚武，常伴隨葬兵器，或銅製或木製，以墓主為男性者為最。其中尤以銅劍為多，〔註95〕徐志嘯云：「發掘戰國時代楚墓，可以發現，凡成年男子為墓主的，無論貴族平民，均有青銅劍作隨葬品。」〔註96〕除此而外，且常伴隨入葬木俑，〔註97〕梳篦〔註98〕等。今觀出土帛書之墓葬，〔註99〕具有上述楚墓之諸特徵，是知帛書為戰國楚物當無可疑。

　　依上述，由墓葬結構、隨葬器物、長沙歸屬、文字內容及楚墓特徵等五

〔註92〕白膏泥一般填於木槨四周，有的白膏泥呈青灰色，所以又稱青膏泥或青灰泥。（文見〈江陵楚墓論述〉，郭德維，《考古學報》1982 年第二期，頁 158。）又〈長沙楚墓〉，湖南省博物館《考古學報》1953 年第一期，頁 43 附有白膏泥檢驗證明表，可參。白膏泥主用為防止棺具腐朽。

〔註93〕〈長沙出土的三座大型木槨墓〉，湖南省文物管理委員會，《考古學報》1957年第一期，頁 93～102。

〔註94〕〈湖北江陵三座楚墓出土大批重要文物〉，湖北省文化局文物工作隊，《文物》1966 年第五期，頁 33～55。

〔註95〕請參〈從江陵古墓葬看楚制、秦制、漢制的關係〉，郭德維，《楚史論叢》，張正明主編，湖北人民出版社，1984 年第一版，頁 246。

〔註96〕請參《玄妙奇麗的楚文化》，徐志嘯，新華出版社，1991 年十二月第一版，頁52。

〔註97〕「……然而，隨著社會的進步，生產力的發展，用人來陪葬，愈來愈受到非議。結合楚的具體情況來看，進入戰國以後，用人來陪葬的現象愈來愈少。故此戰國一般楚貴族墓中，多半用木俑代替殉人。」文見〈楚墓分類問題探討〉，郭德維，《考古》1983 年第三期，頁 255。

〔註98〕參見〈試論江漢地區楚墓、秦墓、西漢前期墓的發展與演變〉，湖北省博物館，郭德維，《考古與文物》1983 年第二期，頁 83。

〔註99〕參見〈長沙子彈庫戰國木槨墓〉，湖南省博物館，《文物》1974 年第二期，頁36～43。

方面證知，於一九三八年，經盜掘出土之帛書，為戰國中晚期楚物無疑。由隨葬陶禮器，知楚帛書下葬之年代較包山二號墓稍晚，今知包山二號墓下葬之年代為西元前三一六年，〔註100〕是知楚帛書下葬之年代，當以此為上限。又據「東國」一辭，考《戰國策・楚策》〈長沙之難〉章已見及，文載楚太子橫為質於齊事，今證之以《史記・六國年表》楚表，知楚太子橫為質於齊，為楚懷王二十八年事，即西元前三〇一年。又帛書所言之「東畛又吝」（〈天象篇〉四・32～五・01），或即指楚割東國與齊國一事，蓋〈宜忌篇〉十二段文字或為古月令之初胚。月令之作自以實用為主，欲加強其可信度，是以引用已發生之事實作為評判之準據。依此，則帛書之「東畛又吝」，或即指楚割東國與齊一事，此說若可信，則楚割東國與齊，為西元前三〇一年之事，則楚帛書之作，或不能早於此年，唯為推論之資，筆者亦不敢論斷。

　　綜上所述，則知楚帛書為戰國中晚期之楚國物，其下葬年代當稍晚於西元前三一六年。

---

〔註100〕參見《包山楚墓》，湖北省荊沙鐵路考古隊，文物出版社，1991 年 10 月第一版，頁 333。

# 第四章　楚帛書置圖之方式

楚帛書之擺置，因其特殊結構之關係（詳第二章第三節），而有不同之方式。歷來對楚帛書擺置之說法有二：一爲以〈四時篇〉爲正置的；一爲以〈天象篇〉爲正置的。二說均有其所據之說詞，然以何者爲確？欲研究楚帛書，勢必解決之。因確定楚帛書擺置之方式，係理解楚帛書之鈐鍵，是以今不嫌辭費，試就所知論述之。

## 第一節　楚帛書四時方位之釐定

楚帛書四時方位之釐定，主以帛書邊文十二段章題及四木爲判準。帛書章題首字爲《爾雅》十二月月名，前人已發其端，〔註1〕今更述之如下。

《爾雅・釋天・月名》云：「正月爲陬，二月爲如，三月爲寎，四月爲余，五月爲皋，六月爲且，七月爲相，八月爲壯，九月爲玄，十月爲陽，十一月爲辜，十二月爲涂」。〔註2〕楚帛書十二章題爲「取于下」、「女此武」、「秉司春」、「余取女」、「欱出睹」、「叡司夏」、「倉莫得」、「臧□□」、「玄司秋」、「昜□義」、「姑分長」、「荃司冬」。今試表之如次：

| 月　份 | 正月 | 二月 | 三月 | 四月 | 五月 | 六月 | 七月 | 八月 | 九月 | 十月 | 十一月 | 十二月 |
|---|---|---|---|---|---|---|---|---|---|---|---|---|
| **爾　雅** | 陬 | 如 | 寎 | 余 | 皋 | 且 | 相 | 壯 | 玄 | 陽 | 辜 | 涂 |
| **楚帛書** | 取 | 女 | 秉 | 余 | 欱 | 叡 | 倉 | 臧 | 玄 | 昜 | 姑 | 荃 |

〔註1〕請參〈補論戰國題銘的一些問題〉，李學勤，《文物》1960年第七期，頁68。

〔註2〕文見《爾雅義疏》，郝懿行，藝文印書館，民國76年10月四版，頁760～761。

　　上表除「余」、「玄」二月名爲楚帛書與《爾雅》相同外，其餘相對各月之字均可假假（說詳第七章），今簡述其因如次：

　　正月：取，古爲清紐、侯部；陬，古爲精紐、侯部，故取、陬可假借。

　　二月：女，古泥紐、魚部；如，古日紐、魚部。泥日古不分，知女、如古可假借。

　　三月：秉，帛書「秉」與「窉」，同入《廣韻》上聲三十八梗，〔註3〕蓋秉、窉同音。又《廣韻》上聲三十八梗：「窉，《爾雅》云：『三月爲窉，本亦作病。』」〔註4〕則病即窉，亦與秉同音，二者同音假借。

　　四月：同作「余」。

　　五月：叴，與一九六五年於湖北江陵紀南城出土「越王句踐劍」，〔註5〕之「句」字字形相同。知「叴」爲「句」字。句，古爲見紐、侯部；皋，古爲見紐、幽部，知句、皋可假備。

　　六月：虡，《爾雅・釋天》：「六月爲且。」〔註6〕《仰天湖楚簡》「組」字作「」，《汗簡》「且」字作「」，又《方言》：「抯、攄，取也。」〔註7〕盧，古爲從紐、魚部；且，古爲精、清紐，魚部。知盧、且古可假借。《說文》：「，叉卑也。从又，盧聲。」〔註8〕又《說文》：「，虎不柔不信也。从虍，且聲。」〔註9〕是知虡以「且」爲聲，故「虡」、「且」音同可假借。

　　七月：倉，古爲清紐、陽部；相，古爲心紐、陽部，知倉、相可假借。

　　八月：臧，古爲精紐、陽部；壯，古爲莊紐、陽部，知臧、壯可假借。

　　九月：同作「玄」。

　　十月：陽從易得聲，古並爲余紐、陽部，可假借。

　　十一月：姑、辜均從古得聲，古音同爲見紐、魚部。故姑、辜可假借。

---

〔註3〕《新校正切宋本廣韻》，陳彭年等重修，林尹校訂，黎明文化事業公司，民國79年10月十二版，頁36。

〔註4〕同註3。

〔註5〕參見，《文物》，1973年第六期，圖版壹。

〔註6〕同註2，頁761。

〔註7〕《方言》，上海涵芬樓借江安傅氏雙鑑樓藏宋刊本景印，四部叢刊，頁35。

〔註8〕《說文解字》，許慎撰，段玉裁注，黎明文化事業股份有限公司，民國80年8月增訂八版，頁116。

〔註9〕同註8，頁211。

十二月：荼，冬十二月月名，即荼月，《周禮‧趣蔟氏》鄭注：「月謂從娵至荼。」〔註10〕帛書增益「土」旁。《爾雅‧釋天》：「十二月爲涂。」〔註11〕義疏云：「馬瑞辰曰：『廣韻涂與除同音；除，謂歲將除也。』」荼、涂古音同爲定紐、魚部，故涂、荼音同可假借。

　　由上知楚帛書十二章題之首字，爲各月月名當無可疑。今設以〈天象篇〉爲正置，則正月「取」適位於〈天象篇〉之右上方，其右方適爲二月「女」，其右下方適爲三月「秉」。此三月適據楚帛書之一邊，餘九月月名，依順時針方向，每邊各值三個月，恰環繞帛書一周。於正月「取」之上（帛書之右上隅），繪青木一株，依順時針方向，帛書各隅分繪赤木、白木、黑木。《爾雅‧釋天‧四時》云：「春爲青陽、夏爲朱明、秋爲白藏、冬爲玄英。」〔註12〕將春之顏色配之以青、夏配之以朱、秋配之以白、冬配之以玄。是知楚帛書四隅分繪之青、赤、白、黑四木，分別代表著春、夏、秋、冬四時。

　　依《爾雅》知楚帛書之「取、女、秉」爲「正、二、三」月。以十二月配四時，則此三個月適爲春季。類推之，則「余、故、虘」爲「四、五、六」月，屬夏季；「倉、臧、玄」爲「七、八、九」月，屬秋季；「昜、姑、荼」爲「十、十一、十二」月，屬冬季。又楚帛書於四隅之章題型式皆爲「某司某」，用以終告一季之結束，例如春三月之章題爲「秉司春」，位於〈天象篇〉之右下，終告春季之結束。由上所述，則由青木引領至三月「秉司春」爲春季。類推之由赤木引領至六月「虘司夏」爲夏季；由白木引領至「玄司秋」爲秋季；由黑木引領至十二月「荼司冬」爲冬季。則楚帛書四時之方位明矣！設以〈天象篇〉爲正置，則於此篇之右方爲春季，下則爲夏季，左則爲秋季，上則爲冬季。今將楚帛書之四時方位，圖之如次：

〔註10〕　《周禮》，十三經注疏，藍燈出版社，頁558。
〔註11〕　同註2，頁761。
〔註12〕　同註2，頁746。

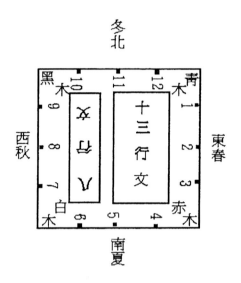

楚帛書四時方位圖

## 第二節　楚帛書用曆建正

　　研究楚國曆法沿革，爲研究楚文化及楚史之一重要課題，由於出土材料及載籍記錄之缺乏，益難以建構令人信服之用曆。自秦簡〈日書〉〔註 13〕出土後，已廣泛引起學者之注意，及至包山楚簡出土，〔註 14〕楚國用曆於紀年、紀月等方面，經過學者之用心研究，似已可建構出一套體系。〔註 15〕然因學者所據或異，其論點亦常相左。究其原因，主要爲材料缺乏所致；其次，則可能爲春秋以後（周平王東遷），周王朝地位日漸衰落，各諸侯國各行其政，及至戰國，各國特色漸露鋒芒，民風、土俗、文字、律令，各相異制。〔註 16〕及至曆法，自亦不能免，甚者於一國之中僅曆法用語亦多種並行，顯示出其

〔註 13〕　《雲夢睡虎地秦墓》，雲夢睡虎地秦墓編寫組，文物出版社，1981 年 9 月第一版，圖版一一六至圖版一六五，編號第七三〇至一一五五。

〔註 14〕　《包山楚墓》，湖北荊沙鐵路考古隊，文物出版社，1991 年 10 月第一版。

〔註 15〕　〈包山簡牘所反映的楚國曆法問題——兼論楚曆沿革〉，王紅星，《包山楚墓》，湖北荊沙鐵路考古隊，文物出版社，1991 年 10 月第一版，附錄二十，頁 521～532；〈從包山楚簡紀時材料論及楚國紀年與楚曆〉，劉彬徽，《包山楚墓》附錄二十一，頁 533～547。

〔註 16〕　《說文解字敘》云：「其後諸侯力政，不統於王，惡禮樂之害己而皆去其典籍，分爲七國，田疇異畝、車涂異軌、律令異法、衣冠異制、言語異聲、文字異形，……。」文見《說文解字注》，許慎撰、段玉裁注，黎明文化事業有限公司，民國 80 年 8 月增訂八版，頁 765。

時之紊亂。僅楚國紀年之方式及方法，歸納之即有三種不同之樣式：〔註17〕

其一：爲序數紀年法：如〈楚王酓章鐘〉云：「唯王五十又六祀，返自西
　　　陽。」

其二：爲星歲紀年法：如屈原〈離騷〉云：「攝提貞於孟陬兮。」

其三：爲以事紀年法：此又分三類

1. 以他國使者來楚活動之事紀年：如〈包山楚簡〉云：「齊客陳豫賀王之
　　歲。」

2. 以某一次戰爭或楚軍之行動紀年：如〈包山楚簡〉云：「大司馬昭陽敗
　　晉師於襄陵之歲。」

3. 爲不屬於其上二類內容之其他以事紀年材料：如〈仰天湖楚簡〉云：「楚
　　考般之年。」

再如楚月名，亦有三種異稱：〔註18〕

其一：爲以序數稱說月份：如楚帛書〈天象篇〉有一月、二月、三月、
　　　四月、五月。《秦簡・日書・秦楚月名對照表》之楚月份有七月、
　　　八月、九月、十月。

其二：爲十二月月名：楚帛書〈宜忌篇〉中之「取、女、秉、余、叡、
　　　𣅿、倉、臧、玄、姑、荼」等十二月名。

其三：爲代月名：如〈秦楚月名對照表〉中之楚代月名有「刑夷、夏尿、
　　　紡月、爨月、獻馬、冬夕、屈夕、援夕」；《包山楚簡》中之楚代
　　　月名有「冬柰、屈柰、遠柰、𦙝尿、夏尿、享月、夏柰、夐月。」

由上即知楚國曆法用語之多變，或可即言楚國曆法同時並存二種以上之用
曆。《包山楚簡》與楚帛書之年代可謂相當（請參照第三章第二節），然二者
於稱說月份卻一用序數及代月名並用，一爲序數及十二月名並用，二者絕異。
即如同以序數月名稱說月份，二者所用亦不相同，〔註19〕益知楚曆之多變，
尤以戰國中晚期爲甚。因本文所論之楚曆建正，旨在說明楚帛書之擺置，是

---

〔註17〕請參照〈從包山楚簡紀時材料論及楚國紀年與楚曆〉，劉彬徽，《包山楚墓》，
　　　　湖北荊沙鐵路考古隊，文物出版社，1991 年 10 月第一版，附錄二十一，頁
　　　　534～535。

〔註18〕請參〈楚月名初探〉，曾憲通，《古文字研究》第五輯，中華書局，1981 年 1
　　　　月第一版，頁 311～312。

〔註19〕楚帛書之序數月名見於〈天象篇〉，爲一月、二月、三月、四月、五月；《包
　　　　山楚簡》之序數月名爲八月、九月、十月。

以重在就楚帛書本身所反映出來之現象觀察,至如楚帛書以外之楚曆法問題,因其多變之故,且非此文所必須,是以略去不論。今以楚帛書所反映之現象,試申楚曆建正如次。

# 一、由〈宜忌篇〉之章題言

楚帛書〈宜忌篇〉章題首字為十二月名,與《爾雅・釋天》所載相同(其字異者亦可求其通借之由,詳本章第一節或第七章)。知楚帛書「由取至荼」分代「一至十二月」,此當無可疑。現擬由楚帛書十二月之方位與十二地支相配,論其建正之由。

十二地支之使用,由來甚早,殷商甲骨文已習見將十天干配以十二地支記日之法,此乃眾所熟稔之事,不再辭費。按十二地支,歷來被視為時辰及方位之標誌。以時辰觀之,子時代表半夜十一點至翌日凌晨一點,丑時代表凌晨一點至三點,依順時針方向,寅、卯、辰、巳、午、未、申、酉、戌、亥,各配分二個小時。十二地支恰為一日二十四時,此且按下不論。以方位論之,十二地支之子處正北,依次順時針方向,每三十度為一支,分別為丑、寅、卯、辰、巳、午、未、申、酉、戌、亥。卯處正東、午處正南、酉處正西。則十二地支之方位,可示如圖:

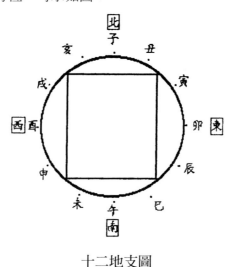

十二地支圖

今將本章第一節之楚帛書四時方位圖,配以上圖十二地支方位圖,可得結合圖如下:

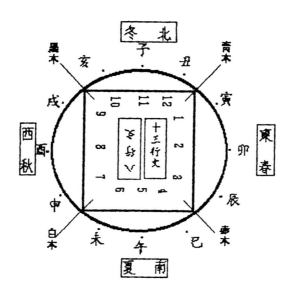

楚帛書四時方位配十二地支圖

　　依圖所示，帛書二月適值正東卯，五月適值正南午，八月適值正西酉，十一月適值正北子；帛書青木、赤木、白木、黑木，分居丑寅、辰巳、未申、戌亥之中點。是知帛書正月居寅位。四時若以孟、仲、季分之，則春季寅爲孟春，卯爲仲春，辰爲季春。餘類推之，是知楚帛書春正月爲孟春寅，以建寅爲正。

　　《史記・歷書》云：「昔自在古，歷建正，作於孟春。」〔註20〕索隱：「按古歷者，謂黃帝調歷以前有上元太初歷等，皆以建寅爲正，謂之孟春也，及顓頊夏禹，亦以建寅爲正。」知古三正之夏正爲以建寅孟春爲正。又〈歷書〉云：「撫十二節，卒于丑。」〔註21〕考證云：「大戴禮，節上有月字，豬飼彥博曰：『言自建寅月而循十二月節，以絕于建丑月也。』」益知夏正爲以建寅爲正。及其下〈歷書〉明言之曰：「由是觀之，王者所重也。夏正以正月，殷正以十二月，周正以十一月。」〔註22〕考證云：「《尚書大傳》：『夏以孟春月爲正，殷以季冬月爲正，周以仲冬月爲正。』」由《史記》所言，知古歷三正中之夏正爲以孟春月爲正，月建寅位，十二月序始寅終丑。

　　以夏正十二月之方位佈居，圖之如次：

---

〔註20〕《史記會注考證》，瀧川龜太郎，宏業書局，民國 76 年 7 月再版，頁 444。

〔註21〕同註 20。

〔註22〕同註 20，頁 445。

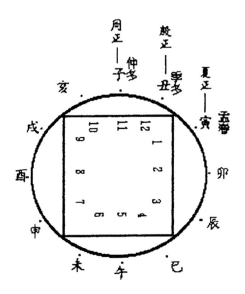

夏正十二月方位圖

此圖恰與上圖「楚帛書四時方位配十二地支圖」相合無間。依此圖及前述楚帛書亦以建寅爲正,是知楚帛書所用曆爲夏正無疑。

## 二、由〈宜忌篇〉「取于下」章內容言

曰:取,乙(鳦)則至,不可以□殺。壬子、丙子,凶。乍□北征,率有咎,武于□其歔□

此單元主以「取,乙則至。」爲論述之基。取,爲《爾雅·釋天》之正月「陬」,二者可通(詳本章第一節或第七章)。乙,《說文》:「乙,燕燕乙鳥也。齊魯謂之乙,取其鳴名自呼,象形也。」〔註23〕又云:「鳦,乙或從鳥。」知乙即鳦即燕也。《詩·商頌·玄鳥》:「天命玄鳥,降而生商。」〔註24〕傳:「玄鳥,鳦也。春分玄鳥降。湯之先祖,有娀氏女簡狄配高辛氏帝,帝率與之祈於郊禖而生契,故本身爲天所命,以玄鳥至而生焉。」故《說文》云:「孔,通也,嘉美之也,從乙子。乙,請子之候鳥也,乙至而得子。嘉美之也。」〔註25〕又云:

〔註23〕《說文解字》,許慎撰,段玉裁注,黎明文化事業股份有限公司,民國80年8月增訂八版,頁590。

〔註24〕《詩經》,十三經注疏,藍燈出版社,頁793。

〔註25〕同註23,頁590。

「乳，人及鳥生子曰乳，獸曰產，从孚乙。乙者，乙鳥。《明堂月令》:『乙鳥至之日，祠于高禖以請子。』故乳从乙，請子必以乙至之日者，乙，春分來，秋分去，開生之候鳥。帝少昊司分之官也。」〔註 26〕《左傳・昭公十七年》:「玄鳥氏，司分者也。」〔註 27〕《呂氏春秋・仲春紀》:「是月（仲春）也，玄鳥至。至之日，以太牢祀于高禖。」〔註 28〕又《夏小正》二月:「來降燕乃睇。」〔註 29〕以上言乙為春二月始至。由上知乙鳥至北方（黃河流域）為夏正二月，楚國地處南方（長江中游），乙至楚地自較至北方為早，加以戰國時之氣候較今為暖和，〔註 30〕是知載籍云夏正二月燕至北方，則帛書云「取（正月），乙則至」。言燕至楚地為正月，知此正月為夏正月無疑。

由上所述，知楚帛書之所用曆為「夏正」。

## 第三節　楚帛書本身之透顯

第一節、第二節已分別推知楚帛書四時之方位及其用曆，此節將藉由帛書本身所反映之現象分析之。

楚帛書本身所反映之現象，為研究帛書擺置之最直接資料，今分由四個方向著手申探之。

### 一、就文意言

帛書中間正反直書兩篇文章，均由填實扁紅色方框截分為三段。

〈四時篇〉首段言宇宙生成前濛昧渾沌之狀，並述伏犧、女堇、禹……等神話人物，間述山陵崩頹，寒水久湛，一片茫茫。後以四神相代，分歲為四時。

次段言日月之產生、洪水造成九州不平、山陵墜崩及天旁動之神話，及至炎帝命祝融以四神降奠，竭力化解災異，帝夋乃使日月開始運行。

末段言共攻（工）夸步十日四時之神話，並述宵、朝、晝、夕之所產生。

---

〔註 26〕 同註 23，頁 590。

〔註 27〕 《左傳》，十三經注疏，藍燈出版社，頁 836。

〔註 28〕 《呂氏春秋》，上海涵芬樓藏明宋邦義等刊本，四部叢刊，頁 12。

〔註 29〕 《夏小正經傳集解》，世界書局，民國 63 年 5 月三版，卷一，頁 7。

〔註 30〕 請參〈中國近五千年來氣候變遷的初步研究〉，竺可楨，《考古學報》1972 年第一期，頁 20～21。

綜此三段言之，〈四時篇〉主以神話構成，由宇宙生成前之渾沌狀態述起，再安排各種災異，藉由各種神話人物之出場而得到解決，並進而言四時之產生、日月之運行及宵、朝、晝、夕之生成（詳第五章）。

〈天象篇〉亦分為三段，首段言日月及五星運行失序，致使春夏秋多亦失其常序，草木生長失其常時。天地作殃，上天降下大雨，使得地上山陵被夷為平地，被淵水長久浸漬。且又有電霆、及下土如雨等災異。一至五月行事各有所忌，一至三月不可封疆界，四月五月不可挖掘水源，國之西方、東方均有兵災毀禍事。

次段蓋承前段而來，言及種種災異，如歲星德匿，致使春、夏、秋三時大雨滂沱，婁宿運行失序。十二月時又逢日月運行失序，致使星辰居所不顯，時雨進退無常。其後引帝言，告誡人民要恭敬祭祀，方能化解災禍。

末段亦承上而來，教人民要心存誠敬地祭祀、彼此相善而不相侵擾，如此若遇凶咎，人民亦不會覺知其存在。後申曆法誤失若不改正，人民祭祀將會混亂，如此，凶咎將生，並明言土事勿作，否則將有毀禍之事（或詳第六章）。

綜此三段言之，〈天象篇〉主以天上日月德匿、五星贏縮所造成之種種災異為說，並述能以敬祀化解災異。此篇神、民尊卑之別甚顯。

由〈四時篇〉、〈天象篇〉之文意言之，〈四時篇〉以「神話」為主，利用神話人物帶出宇宙之起源及四時、日月、宵、朝、晝、夕之生成；〈天象篇〉乃站在〈四時篇〉之上，主以種種災異為說，其後並告誡人民祭祀要恭敬等等，此篇已落實到「人」身上。

〈宜忌篇〉則為十二段文字（含章題）所構成，記載一至十二月適宜及不適宜行事之項目，已趨於實用價值方面（詳第七章）。

今觀此三篇，〈四時篇〉主「神」；〈天象篇〉主「人」；〈宜忌篇〉主「用」。由神——人——用，順次編連一貫，是以就文意上言，由〈四時篇〉而〈天象篇〉而〈宜忌篇〉，意順而不滯；若二者（〈四時篇〉、〈天象篇〉）順序倒置（人——神——用），則於銜接處文意難以連貫，是以〈四時篇〉當在〈天象篇〉之前。

## 二、就文序言

〈四時篇〉主述日、月、四時、宵、朝、晝、夕之生成；〈天象篇〉主述

日月、星辰運行失序所致之災異，及告誡人民祭祀要恭敬，若祭祀不恭，將招致凶災毀禍事等；〈宜忌篇〉則主述各月可行與不可行之事，範圍小如出入臣妾，大如聚眾、會諸侯、出師攻城等。

　　綜此三篇言之，〈四時篇〉主言「生成」；〈天象篇〉主於生成後言「變化」；〈宜忌篇〉則就變化分析，得其化解之方法而主言「規制」。蓋先有「生成」，然後才有異樣之「變化」出現，變化出現之後，人們才爲之訂定種種「規制」來，是以天地、日月、四時產生，其後方有贏縮、德慝所致之災異發生，最末，人民不堪災異困擾，尋究原因，方制定其規制。是以就文序言，爲生成──變化──規制。〈四時篇〉當居〈天象篇〉之前。

## 三、就文例言

　　〈天象篇〉以「惟」起首，於金文中此例甚多，或以爲當以〈天象篇〉爲起首先讀（正置），今審〈四時篇〉以「曰」爲起首，亦不乏其例，如《尚書・堯典》云：「曰若稽古帝堯。」〔註31〕《尚書・皋陶謨》云：「曰若稽古皋陶。」〔註32〕又出土實物《牆盤》云：「曰古文王。」〔註33〕知「曰」、「惟」同可爲文章之起首，今輔以前論之「文意」、「文序」，知當以「曰」起首之〈四時篇〉爲正置先讀。

## 四、就神民尊卑言

　　重黎（或重、黎）與祝融，〔註34〕相傳爲楚人之祖先。〔註35〕《史記・楚世家》云：

> 楚之先祖，出自帝顓頊高陽，高陽者，黃帝之孫，昌意之子也。高陽生稱，稱生卷章，卷章生重黎，重黎爲帝嚳高辛居火正。甚有功，能光融天下，帝嚳命曰祝融。……陸終生子六人，坼剖而產焉。其長一曰昆吾；二曰參胡；三曰彭祖；四曰會人；五曰曹姓；六曰季

---

〔註31〕《尚書》，十三經注疏，藍燈出版社，頁 19。
〔註32〕同註 31，頁 59。
〔註33〕《金文總集》（八），嚴一萍，藝文印書館，民國 72 年 12 月初版，頁 3705。
〔註34〕「重黎」於載籍有單獨爲一人或分爲二人（重、黎）之說，可參《山海經校注》，袁珂，上海古籍出版社，1980 年 7 月第一版，頁 402〔註六〕。
〔註35〕〈談祝融八姓〉，李學勤，《李學勤集》，黑龍江教育出版社，1989 年 5 月第一版，頁 74～81。

連，芈姓，楚其後也。〔註36〕

史遷以重黎爲祝融。以重黎、祝融爲楚之先祖，類似之記載又見於《大戴禮記》、《國語》。《大戴禮記‧帝繫》云：

> 昌意娶于蜀山氏，蜀山氏之子謂之昌濮氏，產顓頊。顓頊娶于滕（奔）
> 氏，滕氏奔之子謂之女祿氏，產老童。老童娶于竭水氏，竭水氏之
> 子謂之高緺氏，產重黎及吳回。吳回氏產陸終。陸終氏娶于鬼方氏，
> 鬼方氏之妹謂之女隤氏，產六子，孕而不粥，三年，啓其左脅，六
> 人出焉，其一曰樊，是爲昆吾；其二曰惠連，是爲參胡；其三曰籛，
> 是爲彭祖；其四曰萊言，是爲云鄶人，其五曰安，是爲曹姓；其六
> 曰季連，是爲芈姓。……季連者，楚氏也。〔註37〕

《國語‧鄭語》云：

> 祝融亦能昭顯天地之光明，以生柔嘉材者也。其後八姓，於周未有
> 侯伯。佐制物於前代者，昆吾爲夏伯矣，……融之興者，其在芈姓
> 乎？芈姓夔、越，不足命也；蠻芈，蠻矣；唯荊實有昭德，若周衰，
> 其必興矣。〔註38〕

是因祝融爲楚人傳說中之祖先，故楚人特別重視對祝融之祭祀。夔爲楚後，因不祀祝融，遂爲楚成王所滅。《左傳‧僖公二十六年》云：

> 夔子不祀祝融與鬻熊，楚人讓之。對曰：「我先王熊摯有疾，鬼神弗
> 赦，而自竄於夔，吾是以失楚，又何祀焉？」秋，楚成得臣鬥宜申
> 師師滅夔，以夔子歸。〔註39〕

是知祝融在楚人心目中之地位。由上載籍知楚人爲重黎、祝融之後。而重黎於顓頊之時，分別執掌天上之神及下地之民，使其時由民神不分之情況轉而爲民神分立。《尚書‧呂刑》云：

> 乃命重黎，絕地天通。〔註40〕

---

〔註36〕 《史記會注考證》，瀧川龜太郎，宏業書局，民國 76 年 7 月再版，頁 630 至
631。
〔註37〕 《大戴禮記》，上海涵芬樓借無錫孫氏小綠天藏明袁氏嘉趣堂刊本景印，四部
叢刊，文見卷七，頁 4～5。
〔註38〕 《國語》，上海涵芬樓借杭州葉氏藏明金李刊本景印，四部叢刊，文見〈鄭語〉
第十六，頁 3～4。
〔註39〕 《左傳》，十三經注疏，藍燈出版社，頁 265。《史記‧楚世家》有類似記載，
出處同註 36，頁 633。
〔註40〕 請參《尚書》，十三經注疏，藍燈出版社，頁 297。

《國語・楚語》云：

> 顓頊受之，乃命南正重司天以屬神，命火正黎司地以屬民，使復舊
> 常，無相侵瀆，是謂絕地天通。〔註41〕

重司天、黎司地，此又見於《山海經・大荒西經》，其云：

> 顓頊生老童，老童生重及黎，帝令重獻上天，令黎邛下地，下地是
> 生噎，處於西極，以行日月星辰之行次。〔註42〕

由上知南正重掌管天上之神，火（北）正黎掌管下地之民。天在上，地在下，
司天為南正，司地為火（北）正。天上地下，是知南（天上神）在上，而北
（下地民）在下。又《楚辭・招魂》云：

> 魂兮歸來，君無上天些。虎豹九關，啄害下人些。一夫九首，拔木
> 九千些。……魂兮歸來，君無下此幽都些。土伯九約，其角觺觺
> 些……。〔註43〕

屈氏將「幽都」看作「地府」。《尚書・堯典》云：

---

〔註41〕　《國語》記觀射父答昭王之語，有極其明白之敘述，〈楚語下〉云：昭王問於
觀射父曰：「《周書》所謂重黎實使天地不通者，何也？若無然，民將能登天
乎？」對曰：「非此之謂也。古者民神不雜，民之精爽不攜貳，而又能齊肅衷
正，其知能上下比義，其聖能光遠宣朗，其明能光照之，其聰能聽徹之；如
是，則明神降之，在男曰覡，在女曰巫。是使制神之處位次主，而為之牲器
時服，而後使先聖之後之有光烈，而能知山川之號，高祖之主，宗廟之事，
昭穆之世，齊敬之勤，禮節之宜，威儀之則，容貌之崇，忠信之質，禋潔之
服，而敬恭明神者，以為之祝。使名姓之後，能知四時之生，犧牲之物，玉
帛之類，采服之儀，彝器之量，次主之度，屏攝之位，壇場之所，上下之神，
氏姓之出，而心率舊典者，為之宗。于是乎有天地神民類物之官，謂之五官，
各司其序，不相亂也。民是以能有忠信，神是以能有明德，民神異業，敬而
不瀆，故神降之嘉生，民以物享，禍災不至，求用不匱。及少皞之衰也，九
黎亂德，民神雜糅，不可方物，夫人作享；家為巫史，無有要質，民匱于祀，
而不知其福，烝享無度，民神同位，民瀆齊盟，無有威嚴，神狎民則，不蠲
其為，嘉生不降，無以享，禍災荐臻，莫盡其氣。顓頊受之，乃命南正重司
天以屬神，命火正黎司地以屬民，使復舊常，無相侵瀆，是謂絕地天通。其
後三苗復九黎之德，堯復育重黎之後不忘舊者，使復典之，以至于夏商，故
重黎氏世敘天地而別其分主者也。其在周，程伯、休父其後也，當宣王時，
失其官守而為司馬氏，寵神其祖，以取威于民，曰重實上天，黎實下地，遭
世之亂而莫能之禦也，不然，夫天地成而不變，何比之有？」請參註38，〈楚
語下〉第十八，頁1～3。
〔註42〕　出處同註34，頁402。
〔註43〕　《楚辭》上海涵芬樓借江南圖書館藏明繙宋本景印，四部叢刊，文見卷九，
頁5～6。

> 分命義仲，宅嵎夷，曰暘谷。寅賓出日，平秩東作，日中星鳥，以
> 殷仲春；……申命和叔，宅朔方，曰幽都，平在朔易，日短星昴，
> 以正仲冬。〔註44〕

「幽都」之於《尚書》則爲北方之名。亦即「幽都」（下界地府）爲北方，是以與之相對之南方則爲上天。此正符合上文重黎絕地天通一事之方位，今將上文所云之方位，試爲表之如次：

| 載　籍　出　處 | 居　　　上 | 居　　　下 |
|---|---|---|
| 《楚辭・招魂》 | 南方。 | 幽都（下界地府）。 |
| 《尚書・堯典》 | 南方。 | 幽都（北方名）。 |
| 《國語・楚語》 | 南正重司天以屬神。 | 火（北）正黎司地。 |
| 《山海經・大荒西經》 | 重獻上天。 | 黎邛下地。 |
| 《尚書・呂刑》 | 乃命重黎，絕地天通。 | |

今由楚帛書觀之，天、帝、群神高高在上，可以掌控日月五星之運行，且可降災、賜福人民，民則處於卑下地位，福禍受天、帝、群神所掌控。神、民觀念之分野至明，是以楚帛書〈天象篇〉云：

> ……群神五正，四興失祥，建恆懷民，五正乃明，群神是享，是謂
> 德匿，群神乃德。帝曰：「繇，敬之哉！惟天作福，神則各之；惟天
> 作夭，神則惠之，欽敬惟備，天像是惻，感惟天□，下民之祓，敬
> 之毋忒。」民勿用□□百神，山川滿谷，不欽敬行，民祀不悟，帝
> 將繇以亂□（逆）之行。

由楚帛書此觀念，知其民神異業思想之發達，其說正與《國語・楚語》合，其云：

> 古者民神不雜，民之精爽不攜貳者，……則明神降之，在男曰覡，
> 在女曰巫，於是乎有天地神民類物之官，是謂五官，各司其序，不
> 相亂也。民是以能有忠信，神是以能有明德。民神異業，敬而不瀆，
> 故神降之嘉生。民以物享，禍災不至，求用不匱。〔註45〕

由上文及上表，可知在民神異業觀念盛行時之方位爲以南居上，以北居下。由是，故知楚帛書之擺置亦當以南方爲上，北方爲下。即以〈四時篇〉爲正置。

---

〔註44〕同註31，頁21。
〔註45〕同註41。

## 第四節　狐死正首丘

由前三節所論，已知楚帛書之擺置當以南為上，以〈四時篇〉為正置先讀，今擬利用考古發掘楚墓群，所得墓葬之方向，論述楚帛書確當以南方居上，今述之如下：

《禮記·檀弓上》云：

> 太公封於營丘，比及五世，皆反葬於周。君子曰：「樂樂其所自生，禮不忘其本。古之人有言曰：『狐死正丘首。』仁也。」〔註46〕

狐死正丘首，說的是懷舊、落葉歸根之心態，自古至今習俗皆然。是以《孔子家語·問禮篇》云：

> 故生者南嚮，死者北首，皆從其初也。〔註47〕

「從其初」，即從其所源，《家語》所言之方位為周人習俗，而楚人自亦有楚人之習俗。楚帛書之年代為介於西元前三一六年至西元前二七七年之間（詳第三章），正與屈原（B.C343～B.C277？）之時代相當，《楚辭·九章·哀郢》云：「鳥飛返故鄉兮，狐死必首丘。」〔註48〕知楚俗亦有「從其初」之觀念。

由本章第三節知楚人相傳為祝融之後，而祝融於四方配屬南方，見諸載籍者，如《山海經·海外南經》云：

> 南方祝融，獸身人面，乘兩龍。〔註49〕

《淮南子·時則篇》云：

> 南方之極，自北戶孫之外，貫顓頊之國，南至委火炎風之野，赤帝祝融之所司者萬二千里。〔註50〕

《禮記·月令》云：

> 孟夏之月，日在畢，昏翼中，旦婺女中，其日丙丁，其帝炎帝，其神祝融，……。〔註51〕

由上，可知祝融於四方當配屬南方。楚帛書言及祝融，然未分配方向。若就上

---

〔註46〕《禮記》，十三經注疏，藍燈出版社，頁125。

〔註47〕《孔子家語》，上海涵芬樓借江南圖書館藏明繙宋本景印，四部叢刊，文見卷一，頁21。

〔註48〕《楚辭》，上海涵芬樓借江南圖書館藏明繙宋本景印，四部叢刊，文見卷四，頁18。

〔註49〕《山海經校注》，袁珂，上海古籍出版社，1980年7月第一版，頁206。

〔註50〕《淮南子》，上海涵芬樓景印劉泖生影寫北宋本，四部叢刊，文見卷五，頁38。

〔註51〕同註46，文見卷五，頁305～306。

引載籍，蓋已可歸祝融之居位於南方。同爲楚人作品之《楚辭》，其〈遠遊〉云：

> 吾將遇乎句芒，歷太皓以右轉兮。前飛廉以啓路，陽杲杲其未光
> 兮。淩天地以徑度，風伯爲余先驅兮。……遇蓐收乎西皇，……
> 名玄武而奔屬，後文昌使掌行兮。……指炎神而直馳兮，吾將往
> 乎南疑。覽方外之荒忽兮，沛罔象而自浮。祝融戒而還衡兮，騰
> 告鸞鳥迎宓妃。……從顓頊乎增冰，歷玄冥以邪徑兮。……經營
> 四荒兮。〔註 52〕

歸結之則句芒、太皓在東方，炎帝、祝融在南疑，蓐收在西皇，顓頊、玄冥
在增冰。故可推知祝融之居位爲南方（祝融在南疑），而南方於四色屬赤，同
與楚帛書使用夏正之《爾雅》其〈釋天・四時〉云：〔註 53〕

> 春爲青陽，夏爲朱明，秋爲白藏，冬爲玄英。〔註 54〕

而帛書於四隅處，分繪青木、赤木、白木、黑木四木，知楚帛書已有以顏色
分配四方之觀念。因祝融居位於南方，於顏色屬赤，加以楚人確信自己爲日
神之遠裔，火神之嫡嗣，是以形成楚人尚赤之風。〔註 55〕由考古發掘楚墓
群知楚墓載屍之木棺，常於其內髹以紅漆，〔註 56〕知其尚赤觀念之深，即
如出土楚帛書之墓葬亦然。〔註 57〕是知楚人尚赤以南向爲尊。再證之楚墓
群之頭向，亦可知楚人以南爲尊之俗。如：江陵天星觀一號楚墓，方向一八
五度，墓道位於墓室之南，〔註 58〕南北向，頭向南；〔註 59〕長沙左家公山

---

〔註 52〕同註 48，頁 8～13。

〔註 53〕楚帛書爲用夏曆，見第四章第二節。帛書〈宜忌篇〉之十二月名與《爾雅・
釋天・月名》同，二者同爲用建寅之夏正。《爾雅》文請參《爾雅義疏》，郝
懿行，藝文印書館，民國 76 年 10 月四版，頁 760～761。

〔註 54〕同註 53，頁 746。

〔註 55〕《楚文化史》，張正明，上海人民出版社，1987 年 8 月第一版，頁 105。

〔註 56〕此例甚多，僅舉數例言之，如：「望山二號墓」，請參〈湖北江陵三座楚墓出
土大批重要文物〉，湖北省文化局文物工作隊，《文物》1966 年第五期，頁 35；
「長沙左家公山十五號墓」、「長沙楊家灣六號墓」、「長沙仰天湖二十五號
墓」，請參〈長沙出土的三座大型木槨墓〉，湖南省文物管理委員會，《考古學
報》1957 年第一期，分見頁 93、96、100；「長沙瀏城橋一號墓」，請參〈長
沙瀏城橋一號墓〉，湖南省博物館，《考古學報》1972 年第一期，頁 61；再如
於長沙挖掘二〇九座楚墓中，內棺內部亦均塗以朱漆，請參〈長沙楚墓〉，湖
南省博物館，《考古學報》1959 年第一期，頁 44。

〔註 57〕〈長沙子彈庫戰國木槨墓〉，湖南省博物館，《文物》1974 年第二期，頁 37。

〔註 58〕據考古挖掘楚墓群知，楚墓道之方向爲頭向之方向。

〔註 59〕請參〈江陵天星觀一號楚墓〉，湖北省荊州地區博物館，《考古學報》1980 年

十五號墓，墓向正南方，頭端有一墓道；〔註60〕另於長沙挖掘二〇九座楚墓中，可辨方向者，南北向有七十四座，東西向有三十四座。〔註61〕郭德維研究江陵楚墓，歸納其地墓葬方位時云：

> 楚墓的方向比較有規律，小型墓絕大多數為南北向，頭向南者居多。兩台山五五八座墓中，有四二一座為南北向，其中向南的（160〜200°）三六九座，向北的二十八座，頭向不明的二十四座。拍馬山南麓已清理二十七座墓，除三座東向外，餘為南北向，向南者十九座。一九六三年前發掘的張家山等四處的五十七座墓，有四十七座為南北向，其中向南的有三十七座。可見向南是較為普遍的現象。〔註62〕

由上，知楚墓絕大多數為南北向（中小型墓），而又以頭向南者居多，且較其它方向者為普遍。〔註63〕是知楚俗之「從其初」為以南為上，故楚帛書亦當以南為上，以〈四時篇〉為正置。

　　另再證以出土於長沙馬王堆之古地圖，「《胎產書》中之〈禹藏圖〉和幾種陰陽五行家著作的圖，均以南為上，這應該是古圖，至少是楚地出現的古圖的傳統。因此，子彈庫帛書的擺法也當以南（即夏）為上。」〔註64〕亦即將楚帛書中之十二月分為四季，將相當於南方三個月之神圖置為上，使帛書成左春（東）、右秋（西）、上夏（南）、下冬（北），以〈四時篇〉為正置。

　　綜上四節所述，知楚帛書之擺置應為上南下北，亦即以〈四時篇〉為正置，圖之如：

第一期，頁 73。

〔註60〕請參〈長沙出土的三座大型木槨墓〉，湖南省文物管理委員會，《考古學報》1957 年第一期，頁 93。

〔註61〕請參〈長沙楚墓〉，湖南省博物館，《考古學報》1959 年第一期，頁 41。

〔註62〕請參〈江陵楚墓論述〉，郭德維，《考古學報》1982 年第二期，頁 158；兩台山楚墓頭向，可參〈江陵兩台山楚墓發掘簡報〉，荊州博物館，《考古》1980 年第五期，頁 391；拍馬山頭向，可參〈湖北江陵拍馬山楚墓發掘簡報〉，湖北省博物館、荊州地區博物館、江陵縣文物工作組，發掘小組，《考古》1973 年第三期，頁 152。

〔註63〕楚之大型墓，大多為王公貴族墓，其墓向大抵從東，而異姓貴族以及同姓下等貴族和平民入葬時之頭向，往往向南，二者之別，可參《楚文化史》，張正明，上海人民出版社，1987 年 8 月第一版，頁 106〜107。

〔註64〕文見〈楚帛書中的天象〉，李學勤，《簡帛佚籍與學術史》，時報文化出版，1994 年 12 月 20 日，頁 38。

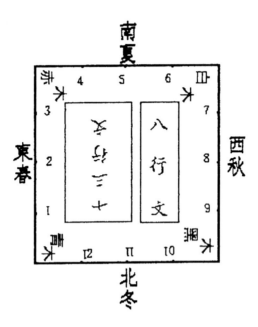

楚帛書擺置圖

# 第五章　楚帛書〈四時篇〉文字考釋

## 第一節　四神相代，是隹四時

※曰故（古）八罷（能）霝（靁）虘（戲），出自（華？）霆（胥），居于霺。

曰 　（曰）形與（古伯尊）、（牆盤）、（包山楚簡二一一）同。為句首語氣詞，無義。《尚書‧堯典》：「曰若稽古帝堯。」〔註1〕《牆盤》：「曰古文王，初敶（戾）龢于政。」〔註2〕此處以「曰」起首，句例同於《牆盤》，知亦為追述先祖之作。

故 　（故），形與（班簋）、（郘季簋）形近。「故」金文或以「古」為之，如《盂鼎》作。故，古為見紐、魚部；古，古亦為見紐、魚部，是以故、古可假借。《班簋》：「隹民亡（泯）徙（拙）才（哉）！彝眛（昧）天令（命），故（古）亡。」〔註3〕帛書蓋假借「故」為「古」。

八 　「能」上一字形殘，不可識。巴納德假為天，〔註4〕饒宗頤先生據以釋作「大」，稱天熊即大熊。〔註5〕金祥恆先生則據皇甫謐《帝王世紀》

---

〔註1〕《尚書》，十三經注疏，藍燈出版社，頁19。
〔註2〕《金文總集》（八），嚴一萍，藝文印書館，民國72年12月初版，頁3705。
〔註3〕《金文總集》（四），嚴一萍，藝文印書館，民國72年12月初版，頁1720。
〔註4〕《THE CHU SILK MANUSCRIPT～Translation and Commentary～》，Noel Barnard Published by Deparment of Far Eastern History Reserch School of Pacific Studies Institute of Advanced Studies The Australian Nation University Canberra，1973
〔註5〕〈楚帛書新證〉，饒宗頤，《楚地出土文獻三種研究》，饒宗頤、曾憲通，北京：

及《禮記‧月令篇》孔疏隸殘形作「黃」。〔註6〕二者均可備一說，今觀「天」帛書作 （四時篇六‧13）「黃」作 （〈四時篇〉四‧24）均與殘形近似而不類。是以今闕疑。

（龏），形與 （能匋尊）、（哀成弔鼎）近似，帛書增益「大」旁。或釋嬴、〔註7〕或釋能。〔註8〕於湖北山灣出土「子季嬴青臣」，其嬴作「」，與帛書形同，唯增益「女」旁。實嬴為能之孳乳字，于省吾先生已述之甚詳。〔註9〕是知帛書此處以隸作「能」為是。《說文》：「，熊屬，足似鹿，从肉以聲。」〔註10〕《說文》：「，熊獸似豕，山居，冬蟄，从能炎省聲。」〔註11〕由《說文》知能熊顯然非為一物。今釋者或隸帛書  作熊，釋熊，〔註12〕實值商榷。〔註13〕「能，熊屬，足似鹿」、「熊，熊獸似豕。」能、熊非一物已甚明，段注「能、熊屬」條云：「《左傳》、《國語》皆云晉侯夢黃能入于寢門，韋注曰：『能似熊』。凡《左傳》、《國語》能作熊者，皆淺人所改也。」〔註14〕是知釋熊之可商。

（黿），字書未見，嚴一萍先生釋作虘，與下字虘字作虘戲，〔註15〕金祥恒先生則隸作「黿」並以  即「黿虘」，其云：「勹即說文勹，象人形，布交切。金文番匊生壺之匊作 ，从勹。大盂鼎『匍有四方』之匍作 ，从勹。鄧侯矛之軍作匍，从勹。均作勹，蓋古文勹與人同形而異字。說文老『从人毛匕』，甲骨文作 ，象長髮黃耉傴僂之人，

中華書局，1993 年 8 月第一版，文見頁 231。

〔註6〕〈楚繒書「黿虘」解〉，金祥恆，《中國文字》第二十八冊，頁9。

〔註7〕〈戰國楚帛書述略〉，商承祚，《文物》1964 年第九期，頁5。

〔註8〕〈楚繒書新考〉（中），嚴一萍，《中國文字》第二十七冊，頁2。

〔註9〕〈釋能和嬴以及从嬴的字〉，于省吾，《古文字研究》第八輯，頁1～7。

〔註10〕《說文解字注》，許慎撰、段玉裁注，黎明文化事業股份有限公司，民國 80 年 8 月增訂八版，頁 484。

〔註11〕同註 10。

〔註12〕同註 5，頁 230。同註 6，頁 8～9。

〔註13〕將「能」釋作「熊」亦無不可，唯較以「能」釋「能」為劣耳。猶如天鵝之與家鵝同為鵝屬，今稱用於觀賞者為鵝，不若稱之以「天鵝」為確。能，熊屬，既欲稱「能」，則稱「能」為熊亦無不可，然若以「能」稱「能」則較確。能、熊之辨，實猶天鵝與家鵝之分矣。

〔註14〕同註 10，頁 484。

〔註15〕同註 8，頁2。

一手持杖之形。說文老所从之人亦象傴僂曲身之形。䨄即說文電之古文省訛。古文電从品，段注『象其磊磊之形』，繒書訛成𢆶，猶冥，汗簡作𡨄，日訛作目。小篆从雨包聲，繒書从䨄省勹聲。䨄即盧。䨄壴即易經繫辭傳之包犧。」〔註16〕金氏所言甚是，䨄字可據以隸定。

壴 （盧、戲），形與𢧢（戲伯鬲）、𢧢（豆閉簋）、𤲃（陳簠）之左偏旁近似。《說文》戈部戲字「从戈盧聲。」〔註17〕《字彙》云：「盧，虛宜切，音希，古陶器也。於戲之戲从此。」〔註18〕是知帛書壴即盧。即今「戲」字，帛書䨄壴即電盧（庖戲）。《太平御覽·太昊庖犧氏》卷七十八云：「太昊帝庖犧氏，風姓也，蛇身人首，……一號雄皇氏……。」〔註19〕《禮記·月令篇》云：「其帝大皥，其神句芒。」孔穎達疏引《帝王世紀》云：「大皥帝庖犧氏，風姓也。母曰華胥，……主春象日之明，是以稱大皥，一號黃熊氏。」〔註20〕今帛書云「日故□能（熊屬）電戲」與載籍以庖犧號黃熊氏適相吻合，加以帛書下文云「夢夢墨墨」正與《淮南子·俶眞篇》云：「至伏犧氏，其道昧昧芒芒。」〔註21〕切合，綜上，是知䨄壴即爲電盧（庖犧，亦即伏犧）無疑。

屮 （出），形與𡳿（鄂君啓舟節），屮（包山楚簡二〇一）形同。又見於〈天象篇〉七·15及〈宜忌篇〉諸月。訓「生」。《禮記·問喪篇》：「禮義之經也，非從天降也，非從地出也，人情而已矣。」〔註22〕帛書此處則用以解釋個人最早之來歷或身份。

自 （自），形與自（楚公鐘）、自（余卑盤）同。作「起源，開始」解。《禮記·中庸》：「知風之自，知微之顯，可以入德也。」注：「自，謂所從來也。」〔註23〕出自，即「源自某」。《詩經·邶風·日月》：「日居月

〔註16〕 同註6，頁1。
〔註17〕 同註10，頁636。
〔註18〕 《字彙●字彙補》，梅膺祚撰、吳任臣補，上海辭書出版社，1991年6月第一版，頁420。
〔註19〕 《太平御覽》（一），李昉，國泰文化事業有限公司，民國69年1月初版，頁364。
〔註20〕 《禮記》，十三經注疏，藍燈出版社，頁281。
〔註21〕 《淮南子》，上海涵芬樓景印劉泖生影寫北宋本，四部叢刊子部，文見卷第二，頁14～15。
〔註22〕 同註20，頁948。
〔註23〕 同註20，頁900。

諸，出自東方。」〔註24〕《史記‧楚世家》：「楚之先祖，出自帝顓頊高陽。」〔註25〕「出自」之意同此。

不　，形殘。姜亮夫據其下字霊，而隸作「嵩霊」謂即顓頊。〔註26〕饒宗頤先生從之。謂「霊从雨走聲，自可讀爲霊。」並據《太平御覽‧皇王部》引《帝王世紀》：「炎帝神農母曰任似，有蟜氏女。」而謂「霊即霊，殆即有蟜氏。」〔註27〕金祥恒先生疑爲「華」字之殘，以金文華作筝，因定帛書不从亏聲，爲象形。〔註28〕可備一說。今因形殘不可識，故闕疑。

霊　（霊、霊），字書未見。从雨从走，可隸作霊。古文字走、足可通。《說文》趌，「讀若趏同」〔註29〕故霊又可作霊。足又與疋通，是知又可作「霊」。考《山海經‧海內東經》云：「雷澤中有雷神，龍身而人頭，鼓其腹，在吳西。」郭璞注引〈河圖〉曰：「大跡在雷澤，華胥履之而生伏犧。」〔註30〕又《太平御覽‧太昊庖犧氏》卷七十八引〈詩含神霧〉云：「大跡出雷澤，華胥履之，生伏犧。」〔註31〕《史記‧三皇本紀》：「太昊庖犧氏，風姓，代燧人氏繼天而王。母曰華胥，履大人跡於雷澤，而生庖犧於成紀。蛇首人身。」〔註32〕是知「伏犧」出自「華胥」。考帛書霊，可隸作霊→霊→霊。霊，从雨从疋。雨、疋皆聲。雨，古爲匣紐、魚部；疋，古爲疑紐、魚部。胥，古爲心紐，魚部，是知霊、胥可通假。除此音韻關係外，今觀帛書「曰故（古）□能（熊屬）霊慮，出自帀（？）霊。」與上引載籍以華胥爲伏犧母適相吻合，是知帛書「帀霊」即指「華胥」而言，唯殘形是否即「華」字，因形殘不可據定，是以闕疑。

伍　（居），與仚（鄂君啓車、舟節）伍（包山楚簡二五○）形同。《說文》：

〔註24〕《詩經》，十三經注疏，藍燈出版社，頁78。
〔註25〕《史記會注考證》，瀧川龜太郎，宏業書局，民國76年6月再版，頁630。
〔註26〕〈離騷首八句解〉，姜亮夫，《社會科學戰線》1979年第三期。此據〈楚帛書新證〉引。同註5，頁232。
〔註27〕同註5，頁232。
〔註28〕同註6，頁9。
〔註29〕同註10，頁66。
〔註30〕《山海經校注》，袁珂，上海古籍出版社，1980年7月第一版，頁329～330。
〔註31〕同註19。
〔註32〕同註25，頁7。

「冗，處也。」〔註33〕居，《說文》段注云：「凡今人居處字，古秖作冗處。」〔註34〕《廣雅・釋詁》卷二上，「居」亦作冗，王念孫疏證云：「《說文》、《廣雅》作冗，經傳皆作居，古字假借耳。」〔註35〕是知「居」為「冗」之假借。訓「居住」。《易經・繫辭下》：「上古穴居而野處。」〔註36〕

于　（于）形與于（中山王鼎）、于（包山楚簡一六三）同。作關係詞，訓「在」。《詩經・召南・采蘩》：「于以采蘩，于沼于沚。」〔註37〕此又通「於」，《論語・憲問》：「子路宿於石門。」〔註38〕《鄂君啟舟節》：「王居于栽郢之遊宮。」〔註39〕「居于」意同此。

雎　（雎、睢），饒宗頤先生釋作睢，謂雎字从睢，益受旁為繁形。並以《墨子・非攻》下所云「昔者楚熊麗始封此雎山之間。」以證帛書雎之地望，〔註40〕饒說可從，今從之。

不　雎下一字形殘，不可識，今闕疑。

大意

日，古時之□能（熊屬）伏犧，出自華（？）胥，居處在雎□這個地方。

※乂曰雹，从木二母。夢墨，亡章弼，多□（每？）水□，風雨是於。乃取叡□□子之子曰女董，是生子四。

氒　（氒、厥），形與氒（農卣）、氒（辛鼎）、氒（克鼎）同。作代詞，相當於「其」。《散盤》：「氒（厥）受圖矢王于豆新宮東廷。」〔註41〕文獻作「厥」。《尚書・大誥》：「厥父菑，厥子乃弗肯播。」〔註42〕《左傳・成公十三年》：「亦悔於厥心，用集我文公。」〔註43〕

---

〔註33〕同註10，頁722。
〔註34〕同註10，頁403。
〔註35〕《廣雅疏證》，王念孫，北京：中華書局，1983年5月第一版，頁51。
〔註36〕《周易》，十三經注疏，藍燈出版社，頁168。
〔註37〕同註24，頁47。
〔註38〕《論語》，十三經注疏，藍燈出版社，頁130。
〔註39〕〈鄂君啟節考釋〉，于省吾，《考古》1963年第八期，頁442。
〔註40〕同註5，頁233～234。
〔註41〕同註2，頁3712。
〔註42〕同註1，頁193。
〔註43〕《左傳》，十三經注疏，藍燈出版社，頁461。

楚帛書研究

（？），形殘，不可識，今闕疑。

（人魚），爲人魚之合文，其字之右下加「＝」爲合文符（二字合書佔一構形單位。合文之說，請參第十章第一節。）人，形與〈（曾姬無卹壺）、〈（包山楚簡八十）同。

魚，形與（毛公鼎）、（番生簋）、（穌甾妊鼎）近似。假借作「漁」，作「捕魚」解。《左傳‧隱公五年》：「春，公將如棠觀魚者，」〔註44〕帛書此篇，由伏犧述起，接言及「厥□人魚（漁）」，疑指伏犧教人網罟以佃以漁之事。《易經‧繫辭下》：「古者包犧氏之王天下也，……作結繩而爲罔罟，以佃以漁……。」〔註45〕《說文》网字下云：「庖犧氏所結繩，以田以漁也。」〔註46〕《漢書‧律歷志下》：「太昊帝易日：『炮犧氏之王天下也，……太昊作罔罟以田漁，取犧牲，故天下號曰炮犧氏。』」〔註47〕與帛書載益合。是知鮺爲人魚（漁）之合文。魚，古爲疑紐、魚部，正與上文胥協韻。

（？）形殘，不可識，今闕疑。

（？）形殘，不可識，今闕疑。

（？）形殘，不可識，今闕疑。

（母），形與（陳侯午錞）、（鄂君啓舟節）、（包山楚簡二〇二）同。又見於帛書〈四時篇〉六‧28、七‧20，〈天象篇〉八‧19、十‧01。母，因上三字形殘不可識，致未能得其解。

（夢夢），形與篆文同。「夢」下「＝」符爲重文符（一字佔一構形單位，而重複其字。請參第十章第一節）。當讀作夢夢。《說文》：「，不明也。」〔註48〕《詩經‧小雅‧正月》：「民今方殆，視天夢夢。」注云：「夢，亂也。」〔註49〕《詩經‧大雅‧抑》：「昊天孔昭，我生靡樂，視爾夢夢，我心慘慘。」孔疏引孫炎曰：「夢夢，昏昏之亂也。」〔註50〕帛書此處，宜釋昏亂之象也。

〔註44〕同註43，頁58。
〔註45〕同註36，頁166。
〔註46〕同註10，頁358。
〔註47〕《漢書》，中華書局據武英殿本校刊，四部備要史部，文見卷二十一下，頁16。
〔註48〕同註10，頁318。
〔註49〕同註24，頁398。
〔註50〕同註24，頁649。

（墨墨），墨字重文。帛書字形殘斷爲二。按殘形，知與 [字形] （〈四時篇〉四·29）形同，知爲「墨」字。形與 [字形] （古璽）、[字形] （節墨刀）近似。《釋名·釋書契》：「墨，痗也。似物痗墨也。」〔註51〕墨墨訓極黑暗之意。《管子·四稱》云：「政令不善，墨墨若夜。」〔註52〕夢夢墨墨，意即窈窈冥冥，昏暗渾沌之狀態。《淮南子·精神篇》：「古未有天地之時，惟像無形，窈窈冥冥，芒艾漠閔。澒蒙鴻洞，莫知其門。」〔註53〕正與帛書意近。

（亡），形與 [字形] （辛鼎）、[字形] （猷簋）、[字形] （包山楚簡一七一）同。假借「無」，作「沒有」解。《詩經·邶風·谷風》：「何有何亡，黽勉求之。」〔註54〕《土父鐘》：「降余魯多福亡（無）彊（疆）。」〔註55〕

（章），與 [字形] （曾侯乙鎛）、[字形] （包山楚簡七十七）形同。訓「彰明」。《尚書·堯典》：「平章百姓。」鄭注：「章，明也。」〔註56〕《易經·姤·象》：「天地相遇，品物咸章也。」〔註57〕

（弼弼），形與 [字形] （毛公鼎）、[字形] （番生簋）、[字形] （包山楚簡三十五）同，帛書弼字，增益繁飾「一」。王國維先生據「毛公鼎」、「番生敦」二器上之「弼」字爲釋，而謂「宿弼二字同也。」〔註58〕嚴一萍先生據王氏之說而疑帛書「此字或即宿字，讀爲肅，乃肅敬之義。」〔註59〕嚴說可從。亡章弼弼蓋謂宇宙初始，渾渾沌沌，晦暗不彰，肅寂靜然之意。

（？）形殘，不可識，今闕疑。

（每），上形稍殘，據殘形，知與 [字形] （杞伯簋）、[字形] （蚉壺）形似。《說

---

〔註51〕《釋名》，上海涵芬樓借江南圖書館藏明嘉靖翻宋本景印，四部叢刊，文見卷第六，頁26。

〔註52〕《管子》，上海涵芬樓借常熟瞿氏鐵琴銅劍樓藏宋刊本景印，四部叢刊子部，文見第十一，頁10，總頁第170。

〔註53〕同註21，文見卷第七，頁1，總頁第45。

〔註54〕同註24，頁91。

〔註55〕《金文總集》（九），嚴一萍，藝文印書館，民國72年12月初版，頁3968。

〔註56〕同註1，頁20。

〔註57〕同註36，頁104。

〔註58〕〈釋弼〉，王國維，《觀堂集林》附別集（一），北京：中華書局，1959年6月第一版，頁288～289。

〔註59〕同註8，頁3。

文》：「萅，草盛上出也。」段注：「《左傳》輿人誦曰：『原田每每。』杜注：『晉君美盛，若原田之艸每每然⋯⋯。』按：每是草盛。引申為凡盛，如品庶每生，貪也；每懷，懷私也，皆盛意。」〔註60〕帛書此處亦作「盛」意。

比 （水）形與比（同篇）、⿱（包山楚簡二一五）同。作「水災」解。《漢書·食貨志上》：「故堯禹有九年之水，湯有七年之旱。」〔註61〕

⿱ （？）形殘，不可識，今闕疑。「□每水□」蓋言其時有盛大水災之意。此正開啟下文禹萬之平治水土。

⿰ （風），形與凮（說文古文）近似。帛書「風」，從凡從虫，「凡」右上一撇係繁飾。又見於〈四時篇〉七·24。風，空氣流動之現象，《詩經·鄭風·蘀兮》：「蘀兮蘀兮，風吹其女。」〔註62〕《莊子·齊物論》：「大塊噫氣，其名為風。」〔註63〕

雨 （雨），形與雨（楚公鐘）同。又見於〈四時篇〉七·25。《說文》：「雨，水從雲下也。」〔註64〕《易經·乾·象》：「雲行雨施，品物流形。」〔註65〕

昰 （是），形稍殘，猶可識。形與昮（包山楚簡八九）同，又見於〈四時篇〉四·08。作關係詞，訓「乃，於是」。《尚書·禹貢》：「桑土既蠶，是降丘宅土。」〔註66〕

於 （於），形與於（鄂君啟舟節）、於（包山楚簡一五八）同。高明以「於」為「越」之假借，引《尚書·盤庚》：「越其罔有黍稷」，孔傳：「越，於也。」《孟子·萬章下》：「殺，越人于貨。」趙歧注：「越于皆於也。」並引《廣雅·釋詁一》：「越，疾也。」及《爾雅·釋言》：「越，揚也。」為釋〔註67〕高氏說可從。考「於」，古音為影紐、魚部；越，古為匣紐、月部，於、越音近可通。「風雨是於」，蓋謂風雨疾揚狂作之狀。

---

〔註60〕 同註 10，頁 22。
〔註61〕 同註 47，文見卷二十四上，頁 8。
〔註62〕 同註 24，頁 172。
〔註63〕 《南華真經》，上海涵芬樓藏明世德刊本，四部叢刊子部，頁 12。
〔註64〕 同註 10，頁 577。
〔註65〕 同註 36，頁 10。
〔註66〕 同註 1，頁 80。
〔註67〕 〈楚繒書研究〉，高明，《古文字研究》第十二輯，頁 376。

了　（乃），形與 ⟨已鼎⟩、⟨昏鼎⟩，⟨者汈鐘⟩同。作「於是」解，
　　《韓非子・說林上》：「乃放老馬而隨之。」〔註68〕

取　（取），與 ⟨魏三體石經・僖公三十年⟩、⟨包山楚簡八九⟩形同。
　　此處作「娶」，取，娶古今字。《詩經・齊風・南山》：「取妻如之何？
　　匪媒不得。」〔註69〕

虘　（虘），形與 ⟨王孫鐘⟩、⟨包山楚簡二五○⟩同。〈宜忌篇〉六月月
　　名同此。《爾雅・釋天》六月月名爲且。〔註70〕《仰天湖楚簡》「組」
　　字作「縟」，《汗簡》「且」字作「虘」。又《方言》：「扟、攎，取也。」
　　〔註71〕盧，古爲從紐，魚部；且，古爲精、清紐，魚部。知盧、且古
　　可假借。虘，從盧得聲，盧又從且得聲，知虘、且可假借。（請參第七
　　章第六節「虘」字條）。《包山楚簡二一一》：「虘（且）敘於宮室。」
　　〔註72〕帛書之「虘」或爲人名，說詳下。

遲　（遲），字形殘斷，諸家均無釋。今考《包山楚簡二五○簡》有「虘遲其
　　冗而柦之」〔註73〕句，「虘遲」字作 正與帛書此處「 （殘
　　缺）」密合無間。今帛書「遲」字殘缺，正可據《包山楚簡》復原其形。
　　遲爲今何字，實難斷言。今考帛書「乃取（娶）虘遲□子之子曰女堇」，
　　則「虘遲□」當爲人名。
　　遲下一字殘缺，當與「虘遲」合而爲人名。阮氏《積古齋鐘鼎彝器款
　　識》載晚周銅劍，其一銘爲「吳季子之子逞之永用劍。」〔註74〕句型
　　正與帛書「虘遲□子之子曰女堇」正同。知「虘遲□」爲人名無疑。

子　（子），形與 ⟨中山王鼎⟩、⟨包山楚簡一二⟩同。此爲對男子之
　　尊稱。《穀梁傳・宣公十年》：「其曰子，尊之也。」注：「子者，人之

〔註68〕《韓非子》，上海涵芬樓藏黃蕘圃校宋本，四部叢刊子部，文見卷第七第二十
　　　　二，頁7，總頁第37。
〔註69〕同註24，頁197。
〔註70〕帛書12月月名爲《爾雅・釋天》所載之12月名。其間有字形全同者，於字
　　　　之相異者，均可求得聲韻假借之理。請參第七章。
〔註71〕《方言》，上海涵芬樓借江安傅氏雙鑑樓藏宋刊本景印，四部叢刊，頁35。
〔註72〕《包山楚墓》（下），湖北省荊沙鐵路考古隊，文物出版社，1991年十月第一
　　　　版，圖版一八四。
〔註73〕同註72，圖版199。
〔註74〕《積古齋鐘鼎彝器款識》（四），阮元，百部叢書集成，文選樓叢書，藝文印
　　　　書館，文見卷八，頁20。

貴稱。」〔註75〕

ㄓ（之），形與 ㄓ（王命傳賃節）、ㄓ（鄂君啓舟節）、ㄓ（愈志鼎）同。作關係詞，意同「的」。《禮記・禮運》：「大道之行也，天下爲公。」〔註76〕

ㄓ（子），此作「子嗣，兒女」解。古人稱子兼通男女。《禮記・曲禮下》：「子於父母，則自名也。」注：「言子者，通男女。」〔註77〕

ㅂ（曰），形與 ㅂ（古伯尊）、ㅂ（克鼎）、ㅂ（包山楚簡二二二）同。訓「謂，稱爲，叫做」。《禮記・王制》：「國無九年之蓄曰不足，無六年之蓄曰急。」〔註78〕

ㄨ（女），此處之「女」，當與下字「堇」連讀，爲人名。

（堇），此字隸定，多所紛歧，或釋「皇」、〔註79〕或釋「童」、〔註80〕或釋「堀」，〔註81〕於形均未安。帛書此字，當隸作「堇」。帛書「堇」作，其上之「出」形，蓋訛變爲後來之「廿」形。按金文黃作（趙孟壺）、（哀成弔鼎）、（弡中簠）；楚帛書「黃」則作（〈四時篇〉四・24），其上之「出」形已訛變作「廿」。故疑帛書爲「堇」字。與（衛盉）、（善夫山鼎）、（洹子孟姜壺）形近。

（是），於此作「指稱詞」，訓「此，這」。《論語・述而》：「德之不修，學之不講，聞義不能徙，不善不能改，是吾憂也。」〔註82〕《孟子・梁惠王》：「無傷也，是乃仁術也，見牛未見羊也。」〔註83〕

ㅄ（生），形與 ㅄ（牆盤）、ㅄ（包山楚簡二二二）同，作「生育」解，《詩經・大雅・生民》：「不康禋祀，居然生子。」〔註84〕《廣雅・釋親》：

〔註75〕《穀梁傳》，十三經注疏，藍燈出版社，頁120。
〔註76〕同註20，頁413。
〔註77〕同註20，頁94。
〔註78〕同註20，頁238。
〔註79〕同註8，頁4。
〔註80〕〈長沙戰國繒書及其有關問題〉，安志敏、陳公柔，《文物》1963年第九期，頁55。
〔註81〕〈長沙帛書通釋〉，何琳儀，《江漢考古》1986年第二期，頁78。
〔註82〕同註38，頁60。
〔註83〕《孟子》，十三經注疏，藍燈出版社，頁22。
〔註84〕同註24，頁589。

「人一月而膏，……十月而生。」〔註85〕

子，此亦訓「子嗣，兒女」。與上同。

▱（四），形與▱（好時鼎）、▱（陳侯鼎）同。數目名稱。《易經‧繫辭上》：「兩儀生四象。」〔註86〕

**大意**

教人結網罟以佃以漁，□□□母。其時窈窈冥冥，昏暗渾沌，幽暗不明，蕭寂靜然。□並有盛大水災□，風雨疾揚狂作。於是娶戲▱子之女兒女童，並生育子嗣四人。

**※ ▱是襄，而㙫（踐）是各（恪），參㝛（化）▱（唬）逃（兆），爲禹爲萬，以司堵（土）壤。**

▱（？），形殘，不可識，今闕疑。

▱（是），形殘，據殘形，知與第四行第八個字同。爲句中語氣詞，無義。《詩經‧衛風‧氓》：「信誓旦旦，不思其反，反是不思，亦已焉哉。」〔註87〕「是」上殘缺一字，不可識。按帛書主爲四字句式，加以此句「□是襄」與下句「而㙫是各」句式相駢，疑所殘缺爲一字重文或二字合文。唯殘缺，不敢遽定。

▱（襄），形與▱（包山楚簡一○三）、▱（包山楚簡一五五）同。考「□是襄」與下句「而㙫（踐）是各（恪）」相駢，「各」作動詞，則「襄」當亦爲動詞，作「成、佐治」解。《尚書‧皋陶謨》：「予未有知，思日贊贊襄哉。」〔註88〕

▱（而），形與▱（包山楚簡二）▱（包山楚簡二一八）同。嚴一萍首先釋「而」，引《汗簡》作▱爲釋，甚是。〔註89〕諸家大抵隸作「天」，按此字字形與「天」相近，然實不類。天，帛書作▱（〈四時篇〉五‧18），形似而實有別。帛書「而」字，其下部字形大抵向內收束，且最末兩筆不與上部連接；「天」字則反之。帛書「而」字，用法如「以」，

---

〔註85〕同註35，頁203。
〔註86〕同註36，頁157。
〔註87〕同註24，頁136。
〔註88〕同註1，頁63。
〔註89〕　同註8，頁5。

《左傳·文公十七年》：「鋌而走險。」〔註90〕

埈 （埈，踐），上形稍殘，猶可識。字書未見，讀作「踐」。作「履行」解。《禮記·曲禮上》：「修身踐言，謂之善行。」注：「踐，履也，言履而行之。」〔註91〕

是 （是），形殘，據殘形知爲「是」字，今補入。

各 （各、恪），形與 （吳方彝）、（包山楚簡二〇六）同。假借作恪。各，古爲見紐、鐸部；恪，古爲溪紐，鐸部。故各、恪可假借。恪，恭敬意。《尚書·盤庚上》：「恪謹天命。」傳：「敬謹天命。」〔註92〕「□是襄，而踐是恪」二句當爲倒裝句，其原意爲「襄□□，恪而踐」。意謂佐治□□，敬謹以履行職責。

參 （參），形與 （中山王鼎）近似。作「參與」解。《後漢書·郎顗傳》：「每有選用，輒參之掾屬。」〔註93〕

祟 （祟，化），字書未見，从化从示。古文字，與天地神祇祭祀有關者，常益「示」旁以明之，〔註94〕此字或當爲「化」字。「參化」意爲參贊天地，化育萬物。

虖 （虖、唬）形稍殘斷，或隸作「法」，〔註95〕於形不類。形與 （善鼎）、（包山楚簡一六三）近似。隸作「唬」，通作「乎」。唬，曉紐、魚部；乎，匣紐、魚部，故唬、乎可假借。作介詞，相當於「于」。《善鼎》：「隹用妥（綏）福唬（乎）前文人。」〔註96〕

逃 （逃、兆）。从辵从兆。兆，形與 （鄂君啓舟節）、（包山楚簡一六七）之「兆」旁同。逃，形與 （包山楚簡一三七反）同。「逃」假借爲「兆」，逃、兆古同爲定母，宵韻，二者音同可假借。訓「界域」，《孝經·喪親》：「卜其宅兆而安措之。」〔註97〕《周禮·春官·小宗

---

〔註90〕 同註43，頁350。
〔註91〕 同註20，頁14。
〔註92〕 同註1，頁127。
〔註93〕 《後漢書》，中華書局據武英殿本校刊，四部備要史部，文見卷六十下，頁9。
〔註94〕 其例可參《說文解字注》，同註10，頁2～9。
〔註95〕 同註5，頁236。
〔註96〕 《金文總集》（二），嚴一萍，藝文印書館，民國72年12月初版，頁669。
〔註97〕 《孝經》，十三經注疏，藍燈出版社，頁55。

伯》：「兆五帝於四郊。」注：「兆爲壇之營域。」〔註98〕

參化唬（乎）逃（兆），意即於其職掌之界域內，參贊天地，化育萬物之謂。

（爲），形與（左師壺）、（包山楚簡五）同，帛書「爲」字，簡省其部份形體，而代之以二橫畫，爲戰國楚文字特色之一（詳第十章第一節）。訓「若」，同如，《韓非子・內儲說下》：「王甚喜人之掩口也，爲近王，必掩口。」〔註99〕

（禹），形與、、（禹鼎）近似，又與寓作（衛鼎）、（癲鐘）所从之禹旁形近。禹即夏禹。《史記・夏本紀》：「夏禹，名曰文命，禹之父曰鯀。」〔註100〕

（萬），形與楚帛書之瀵作（〈天象篇〉十一・17）之右偏旁及（命瓜君壺）同，知爲「萬」字。或釋卨，謂即商契，其形不類。〔註101〕考帛書「爲禹爲萬」，「萬」與「禹」駢，知「萬」當亦爲人名，唯不詳其人。又帛書下云「以司堵（土）襄（壤）」，知「萬」同「禹」一般，亦爲平治水土者。

（以），形與（邾公釛鐘）、（中山王兆域圖）、（包山楚簡三七）同。訓「使、令」。《戰國策・秦策一・謂秦王章》：「向欲以齊事王，使攻宋也。」〔註102〕

（司）形與（毛公鼎）、（包山楚簡六十）同。作「治理、掌管」解，《商君書・開塞》：「禁立而莫之司，不可，故立官。」〔註103〕

（堵、土），形殘，唯形从土从者甚明。者，形與（包山楚簡二四九）、（包山楚簡二二七）同。又見於〈宜忌篇〉十一月作。堵，古爲端紐，魚部；土，古爲透紐，魚部，知堵、土可假借。

（襄、壤），「襄」假借爲「壤」。襄，古爲心紐，陽部；壤，古爲日紐，

〔註98〕《周禮》，十三經注疏，藍燈出版社，頁290。

〔註99〕同註68，文見卷第十，頁4，總頁第52。

〔註100〕同註66，頁36。

〔註101〕同註7，頁15。另見〈長沙楚帛書與中國古代的宇宙論〉，連劭名，《文物》1991年第二期，頁41。

〔註102〕《戰國策校注》，上海涵芬樓借江南圖書館藏元至正十五年刊本景印，四部叢刊史部，文見卷第三，頁44。

〔註103〕《商子》上海涵芬樓景印天一閣本，四部叢刊，頁12。

陽部，故襄，壤可假借。《臨沂漢簡・孫臏》：「□盡燒者，死襄（壤）也。」〔註104〕帛書「堵襄」即「土壤」。「以司土壤」蓋指平治水土一事。其語氣正與《山海經・海內經》所述同，其云：「帝乃命禹卒布土以定九州。」〔註105〕

大意

　　佐治□□，敬謹以履行職責。於其職掌之界域內，參贊天地，化育萬物。就像禹、萬一般，使守其職責分界，以掌管平治水土之事。

## ※咎（晷）而步 遑（造？），乃上下朕（騰）㣈（傳），山陵不疏。

**㕚** （咎），形與 **㕚**（包山楚簡二三五）同，又見於〈宜忌篇〉一月。饒宗頤先生謂咎可讀爲晷，並引《釋名・釋天》：「晷，規也，如規畫也。」〔註106〕饒說可從。考「咎」，古爲群紐，幽部；晷，古爲見紐，幽部，二者可假借。

**步** （步），形與 **㞢**（古匋），及涉作 **㳂**（效卣）之右偏旁近似。訓「推測，推算」。《後漢書・楊原傳》：「受河洛書及天文推步之術。」〔註107〕

**遑** 形殘，形與 **遑**（包山楚簡一一九）近似，遽難釋讀，今闕疑。「咎（晷）而步□」，蓋謂規測天體之運行以推步□□。其意或近於《後漢書・張衡傳》：「有風后者，是焉亮之，察三辰於上，跡禍福乎下，經緯歷數，然後天步有常。」〔註108〕

**卡** （上下），下部形稍殘，爲上下合文，例又見〈宜忌篇〉七月。**卡**，爲上下之借筆畫合文，即簡省相同構件「一」而合書之。於此訓「上下神祇」，《秦簡・日書》：「達日利以行帥、出正、見人，以祭上下，皆吉。」〔註109〕《論語・述而篇》更直標「上下神祇」，其云：「誄：『禱爾于上下神祇。』」〔註110〕

〔註104〕〈臨沂漢簡通假字表〉，羅福頤，《古文字研究》第十一輯，頁63。
〔註105〕同註30，頁472。
〔註106〕同註5，頁237。
〔註107〕同註93，文見卷六十上，頁4。
〔註108〕同註93，文見卷八十九，頁4。
〔註109〕請參《雲夢睡虎地秦墓》，雲夢睡虎地秦墓編寫組，文物出版社，1981年9月第一版，文見圖版一一六，編號第七三六簡。
〔註110〕同註38，頁65。

朕　（朕，騰），上形稍殘，知與 （寶和鐘）、（哉叔朕鼎）近似。陳邦懷釋朕即「騰」，可從。〔註111〕考「朕」，古爲定紐，侵部；騰，古爲定紐，蒸部，二者實可通。

遄　（遄），形殘，據殘形，知與 （〈四時篇〉七·34）同。形又與 （王命傳賃節）同。陳邦懷先生隸爲傳，以「遄」爲傳之異體，並讀「朕傳」爲「騰傳」，可從。今考上文爲指天地之「上下」，故此處「傳」以釋「轉」爲是。《孟子·滕文公下》：「以傳食於諸侯。」〔註112〕「乃上下騰傳」意謂「於是上下升騰運轉」。

山　（山），形與 （善夫山鼎）、（包山楚簡二四三）同。《說文》：「山，宣也，謂能宣散氣，生萬物也，有石而高，象形。」〔註113〕《尚書·禹貢》：「禹敷土，隨山刊木。」〔註114〕

陸　（陸、陵），形與 （鄂君啓舟節）同。 以隸作陸爲近，于省吾先生即主此說，〔註115〕唯當讀爲「陵」。，從阜從來從土，應隸作陸。戰國文字從阜從土之字，其後常省去土。故陸，其後當省作陳。一如陳之作 （陳猷釜）、（齊孟盤）；阿之作 （平阿戈）、阯之作 （古璽）。陳，從阜來聲。陳、陵均屬半舌音來母字，故皆假借爲「陵」字。如襄 解作襄陵（鄂君啓舟節）。加以載籍多以「山陵」爲文。《禮記·月令篇》：「時雨不降，山陵不收。」〔註116〕《淮南子·時則篇》：「時雨不降，山陵不登。」〔註117〕是知帛書此處亦應讀爲山陵。陵，此訓「小山丘」。《易經·漸》：「九五鴻漸于陵。」〔註118〕

「山陵」，蓋指山嶽丘陵。《禮記·月令》：「可以居高明，可以遠眺望，可以升山陵，可以處台榭。」〔註119〕

不　（不），形與 （包山楚簡三八）同。其最上及最下橫畫係繁飾（說詳

---

〔註111〕〈戰國楚帛書文字考證〉，陳邦懷，《古文字研究》第五輯，頁 240。

〔註112〕同註83，頁 110。

〔註113〕同註10，頁 442。

〔註114〕同註1，頁 77。

〔註115〕請參〈『鄂君啓節』考釋〉，于省吾，《考古》1963 年第八期，頁 442。

〔註116〕同註20，頁 305。

〔註117〕同註21，文見卷第五，頁 4，總頁第 33。

〔註118〕同註36，頁 118。

〔註119〕同註20，頁 318。

第十章第一節）。不，表否定之限制詞。《禮記‧射義篇》：「好學不倦，好禮不變。」〔註120〕

**𢾠** （𢾠、疏），饒宗頤先釋「疏」，〔註121〕後釋「殼」。〔註122〕帛書「山陵不𢾠」與其下文之「以爲其𢾠」對文。二者之「𢾠」當爲同義，饒氏釋「殼」，於此二處分作二種解釋，實值商榷。今以釋「疏」爲是。𢾠，從爻從止從戈。止、𤴓古文字皆象腳之形，可通。《說文》正字條：「𤴓，古文正，從一足，足亦止也。」〔註123〕加戈，蓋表動作之意，一如加辵之表行動義然。如帛書「動」，一作童（動），一作逴（動）。故**𢾠**，可隸作「𢾠」即疏字。《說文》𤴓部：「𤴔，通也。從爻𤴓，𤴓亦聲。」〔註124〕

「山陵不疏」蓋指「山陵間之氣，固塞不能疏通宣洩。」

**大意**

　　規測天體之運行以推步□□，於是上下神祇開始升騰運轉。山嶽丘陵間氣，固塞不能疏通宣洩。

**※乃命山川四晦（海），□熏燹（氣）害燹（氣），以爲其疏，以涉山陵，瀧汨凼（塘）溝（漫），未有昌（日月）。**

**令** （命），形與**龠**（鄂君啓舟節）、**龠**（包山楚簡一三五反）同。作「差使」解，《尙書‧堯典》：「乃命羲和，欽若昊天。」〔註125〕

　　山，訓「山神」，說詳下「川」字。

**川** （川），形與**川**（五祀衛鼎）、**川**（啓卣）同。川，作「水神」解。《論語‧雍也》：「山川其舍諸？」朱注：「山川，山川之神也。」〔註126〕

**田** （四），形與**田**（鄲孝子鼎）同，隸作「囬」，爲「四」之異體（請參第十章第一節）。

---

〔註120〕同註20，頁1016。

〔註121〕〈楚繒書疏證〉，饒宗頤，中央研究院歷史語言研究所集刊，第四十冊（上），頁5。

〔註122〕同註5，頁16。

〔註123〕同註10，頁70。

〔註124〕同註10，頁85。

〔註125〕同註1，頁21。

〔註126〕《四書集註》，朱熹，文化圖書公司，文見「上論」卷三，頁34，總頁第82頁。

（晦、海）饒氏讀作海，〔註127〕嚴氏據《廣雅‧釋水》：「海，晦也。」及《釋名》：「海，晦也。」而以帛書假借晦為海。〔註128〕此字从母从日，為晦之異體。再假借為「海」，此字確讀為「海」。商承祚以「四海」猶「四方」也，引《周禮‧夏官‧校人》：「凡將事于四海山川。」注：「謂四海猶四方也。」〔註129〕商氏說為是，今從之。《說文》「海」字段注：「《爾雅》九夷、八狄、七戎、六蠻，謂之四海，此引申之義也。凡地大物博者皆得謂之海。」〔註130〕

山川四晦（海），意猶「四方山川之神」之謂。此正又與上文「山陵不疏」為對文。「海」下一字殘缺，不可識，今闕疑。

（窨），从宀从熏。熏，形與（番生簋）、（番生敦）形同。知當隸作窨，為熏之異構。饒氏引《白虎通‧禮樂》釋「壎」云：「壎之為言熏也，陽氣於黃泉之下，熏然而萌。」指熏氣為陽氣。饒說可從。
〔註131〕

（燹、氣）形與（汗簡）、（包山楚簡二一八）同。氣，訓「陰陽之氣之變化」，《大戴禮記‧曾子天圓》：「陽之專氣為電，陰之專氣為霰，霰電者，一氣之化也。」〔註132〕

（害），形與（師害簋）、（毛公鼎）近似。「害」，其下之「口」由一橫畫代替，蓋為戰國時期，文字省其部份形體，代之以橫畫之例（說詳第十章第一節）。害，通作「盍」，「害」古為匣紐、月部；盍，古為匣紐，葉部。害，盍可假借。《說文》：「盍，覆也。」段注：「皿中有血而上覆之，覆之必大於下。」〔註133〕是以「盍」解作「覆」。故害（盍）氣，為「覆蓋之氣」，引申之則為「陰氣」。正與上文陽氣相對。

（燹、氣），形殘，據文意及殘形，知為「燹」字，形與（〈四時篇〉

---

〔註127〕同註121，頁9。
〔註128〕同註8，頁6。
〔註129〕同註7，頁15。
〔註130〕同註10，頁550。
〔註131〕同註5，頁238。
〔註132〕《大戴禮記》，上海涵芬樓借無錫孫氏小綠天藏明袁氏嘉趣堂刊本景印，四部叢刊，文見卷第五，〈曾子天圓〉第五十八，頁30。
〔註133〕同註10，頁216。

三‧17）同。

為，於此作「成」解。《文選‧古詩十九首》：「古墓犁為田，松柏摧為薪。」〔註134〕

亓 （亓、其），形與亓（包山楚簡一三八）同。楚帛書「其」字皆如是作，蓋省其形符，僅存聲符，為戰國文字特色之一，最上一橫畫係繁飾（詳第十章第一節）。此作句中語氣詞，無義。《詩經‧曹風‧侯人》：「彼其之子。」〔註135〕

戠 戠，形殘，猶可識，說同上。

由「乃命山川四海」至「以為其疏」，蓋即山陵間氣固塞不通，乃差使四方山川之神，□（疑為「以」）以陽氣陰氣，使為之疏通導滯之謂。

涉 （涉），形與涉（格伯簋）、涉（包山楚簡一二八反）同。作「入」解，《漢書‧高帝紀贊》：「涉魏而東遂，為豐公。」晉灼曰：「涉，猶入也。」〔註136〕《鶡冠子‧天權》：「兵者涉死而取生，陵危而取安。」〔註137〕帛書上云天地上下升騰運轉，此又言以陰陽氣為之疏導山陵間氣，頗類於《國語‧周語中》所云，其云：「晉聞古之長民者，不墮山、不崇藪、不防川、不竇澤。夫山，土之聚也；藪，物之歸也；川，氣之導也；澤，水之鍾也。夫天地成而聚於高，歸物於下，疏為川谷以導其氣，陂唐汙庳以鍾其美，是故聚不阤崩而物有所歸，氣不沈滯而亦不散越。」〔註138〕

瀧 （瀧），字書未見，龍形與龍（包山楚簡一七四）之龍旁同。《說文》：「瀧，雨瀧瀧也。」段注：「《方言》曰：『瀧涿謂之霑漬。』」〔註139〕意謂下雨瀧瀧。

汨 （汨），从水曰聲甚明。《方言》：「汨，遙，疾行也。」郭注：「汨汨，

〔註134〕《文選》，宋淳熙本重雕都陽胡氏藏版，藝文印書館，民國78年1月十一版，文見卷二十九，頁6，總頁第419頁。

〔註135〕同註24，頁269。

〔註136〕同註47，文見卷一下，頁20。

〔註137〕《鶡冠子》，上海涵芬樓借江陰繆氏藝風堂藏明翻宋本景印，四部叢刊子部，文見天權第十七，頁43。

〔註138〕《國語》，上海涵芬樓借杭州葉氏藏明金李刊本景印，四部叢刊史部，文見〈周語〉中，頁24。

〔註139〕同註10，頁563。

急貌也。」〔註140〕帛書此處意謂雨行急貌。

（凶），字書未見。凶，从凵从水。凵即坎陷，凶，象凵中積水之形。

（瀇），字書未見。饒氏釋作「漫」，爲瀇之省，引《石鼓文》：「瀇瀇又（有）鯊。」鄭樵註：「瀇即漫」及《集韻》：「漫，水廣大貌。」爲說，〔註141〕饒說可從。

（未），形與 (包山楚簡一九二）同。否定副詞，作「還沒有」解。《左傳・隱公元年》：「小人有母，皆嘗小人之食矣，未嘗君之羹，請以遺之。」〔註142〕

（又、有），形稍殘，猶可識，形與 （弔上匜）、 （包山楚簡二二六）同。假借爲「有」。《易經・繫辭上》：「又（有）以尚賢也。」〔註143〕

（日月），爲日月合文。日，作 （〈四時篇〉七・10），月作 （〈天象篇〉一・05）知 爲日月合文，月右下益合文符「＝」。日月即太陽及月亮。《尚書・益稷》：「予欲觀古人之象，日月星辰、山龍華蟲。」〔註144〕

大意

　　於是差使四方山川之神，□（疑爲「以」）用陽氣陰氣，使入山嶽丘陵，以爲疏通導滯。其時，還未有日月，雨下行急，凵水成塘，水勢甚爲廣大。

## ※四神相戈（代），乃步以爲歲，是隹（惟）四寺（時）▬

（神），形與 （伯戔鼎）近似。《說文》：「神，天神，引出萬物者也。」〔註145〕《詩經・周頌・時邁》：「懷柔百神，及河喬嶽。」〔註146〕四神，乃指女堇所生四子。

（相），形與 （相侯簋）、 （古璽）相似。相，訓「交互、互相」。

---

〔註140〕《方言校箋》，楊雄撰、周祖謨校箋，北京：中華書局，1993年二月第一版，文見卷六，頁42。

〔註141〕同註5，頁239。考《石鼓文》此句，瀇並未有重文符。請參《鐘鼎篆籀大觀》，吳大澂集，中國書店，1987年6月第一版，頁170與頁171間所附石鼓文拓本之石鼓二。或可參放大本，見頁177。

〔註142〕同註43，頁37。

〔註143〕同註36，頁157。

〔註144〕同註1，頁67。

〔註145〕同註10，頁3。

〔註146〕同註24，頁719。

《左傳・隱公元年》：「不及黃泉，無相見也。」〔註147〕

（戈、代），形與 [字] （伯晨鼎）、 [字] （包山楚簡二六一）同。按形以隸作「戈」爲是。戈、弋古文字每通。如弋作 [字] （農卣），與从戈之「或」作 [字] （呂仲爵）、 [字] （兮甲盤）所从之「戈」旁同。弋，李家浩讀爲「代」，〔註148〕其說可從。考弋，古爲余紐、職部；代，古爲定紐，職部。知弋、代可假借。代，訓「次第相易」，《禮記・中庸》：「如日月之代明。」〔註149〕

乃，上形殘，猶可識，釋同上文。

（歲），形與 [字] （鄂君啓舟節）、 [字] （包山楚簡二三四）同。歲，即歲時之「歲」，與俗稱之「年」不同。《史記・秦始皇本紀》：「一年十三歲。」〔註150〕已清楚顯示二者之不同。《周髀算經・下》：「日復星爲一歲。」注：「冬至，日出在牽牛，從牽牛周牽牛，則一歲也。」〔註151〕

是，於此作繫詞用。《孟子・告子上》：「鈞是人也，或爲大人，或爲小人，何也？」〔註152〕

（隹、惟），形與 [字] （善夫克鼎）、 [字] （中山王壺）同。作繫詞用，訓作「是」。《尚書・禹貢》：「厥草惟繇，厥木惟條，厥田惟中下，厥賦貞。」〔註153〕帛書「是惟」爲同義複詞，均作繫詞用，均訓作「是」。

（寺、時），形與 [字] （沬伯寺簋）、 [字] （包山楚簡二三四）同。寺，假借作「時」。寺，古爲邪紐、之部；時，古爲禪紐、之部，故可假借。時，《說文》：「時，四時也。」段注：「本春、秋、冬、夏之稱。」〔註154〕《論語・陽貨》：「天何言哉？四時行焉，百物生焉。」〔註155〕

四寺即四時，意指春、夏、秋、冬四季。

，塡實紅色扁方框，爲分段之標誌號，蓋用以結束上文。塡實紅色，蓋

---

〔註147〕同註43，頁37。
〔註148〕〈戰國邨布考〉，李家浩，《古文字研究》第三輯，頁161。
〔註149〕同註20，頁899。
〔註150〕同註25，文見卷六，頁3，總頁第105頁。
〔註151〕《周髀算經》，上海涵芬樓借南陵徐氏積學齋藏明趙開美刊本景印，文見頁61。
〔註152〕同註83，頁204。
〔註153〕同註1，頁80。
〔註154〕同註10，頁305。
〔註155〕同註38，頁157。

為避免與文字相混並為醒目之故，以昭顯耳（詳第十章第一節）。

大意

四神交相代替，於是推步使成一歲，即為春、夏、秋、冬四時。

# 第二節　三天四極，日月之行

※倀（長）曰青榦（榦）、二曰未四昌、三曰𦥑黃難（難）、四曰澉（泅）墨榦（榦）。

由「倀曰」起至「墨榦（幹）」止，蓋為四神之名。饒氏以此四神名為四
木，分釋為青幹、朱梂檀、白大榦、溈墨幹等。〔註156〕筆者以為帛書此
四神當與四色配方位有關。蓋長曰「青」、二曰「朱」、三曰「□黃」、四
曰「泅墨」，與《爾雅・釋天》所載四時名稱云：「春為青陽，夏為朱明，
秋為白藏，冬為玄英。」〔註157〕相近，若再將之與帛書四隅之四木青、
赤、白、黑顏色相配，知四神之第三者「□黃難」，其殘缺字當有白色之
意。筆者疑此四神名為分掌四時者，非為四木。然饒氏之言仍可備一家之
說。以其為神名，是以今僅隸定之，而不涉及其含意之說解。

（倀，長），形與 （包山楚簡一六三）同。蓋即「長」字。唐蘭〈古
文字的構成〉云：「中國語的語法上的變化，只在聲調上表現，例如：
『衣』是名詞，『衣我』的『衣』是動詞；『食』是名詞，『食我』的『食』
是動詞；都只有聲調的不同。當這種單語寫成象意字時，衣作 ，動
詞的衣作 ，（即依字，卜辭習見。）食作 ，動詞的食作 。……
在象意文字裏，仁字代表二人，伍字代表五人，什字代表十人，……。」
又云：「每一個字有主動的和受動的兩方面，以主動的為形，受動的為
聲。……凡是形的部份，全是主動的，而代表語聲的半個字，全是受
動的。」〔註158〕由此視帛書「倀字，從人長聲，蓋人之生為長為幼，
受制於天，非可自己決定，是知倀為長幼字矣。」

〔註156〕〈楚帛書新證〉，饒宗頤，《楚地出土文獻三種研究》，饒宗頤、曾憲通，北京，
中華書局，1993 年 8 月第一版，文見頁 240～242。
〔註157〕《爾雅義疏》，郝懿行，藝文印書館，民國 76 年 10 月四版，文見頁 746。
〔註158〕請參《古文字學導論》，唐蘭，樂天出版社，民國 59 年 9 月 25 日初版，頁
44～45。

（日），此訓「謂」，即「稱爲」。《尙書‧洪範》：「五行：一曰水，二曰火，三曰木，四曰金，五曰土。」〔註159〕帛書之句式與此類似。

（青），形殘，據四色分配四方，知爲青字，形又見此篇第五行「青木」，青字作 ，與殘形正相似，知爲青字無疑。作「顏色」解，五色之一。《說文》：「青，東方色也。」〔註160〕

（榦、幹），从木从 。 ，形與 （屬羌鐘）、 （包山楚簡七五）同，益「木」而爲榦。考 亦可隷作「韓」，其於《屬羌鐘》銘文中釋爲「韓」。故帛書 亦可隷作榦，嚴氏讀爲「榦」〔註161〕甚是。

（二），形與 （師兌簋）、 （包山楚簡一一七）同。爲次第第二。例同上舉《尙書‧洪範》五行之例。

（朱），形與上文「未」字同（〈四時篇〉三‧32）。以顏色分配四方觀之，此字當隷作「朱」。朱，楚簡作 （包山楚簡九四邾字偏旁），「未」作 （包山楚簡一九二）知楚文字「未」、「朱」仍有分別，唯甚相近。今帛書未、朱同形，或爲書手之筆誤。朱，紅色。《禮記‧月令》：「駕赤駵，載赤旂。」疏：「色淺曰赤，色深曰朱。」〔註162〕赤，《說文》：「炎，南方色也，从大火。」段注：「火者，南方之行，故赤爲南方之色。从大者，言大明也。」〔註163〕今赤爲南方色，則較其色深之「朱」，當亦爲南方之色也。

（四），形殘，猶可識。今隷定之。

（嘼），形與 （命瓜君壺）形同。假借爲今之「畜」字。《說文》：「嘼，獸牲也。」段注：「讀若嘼牲之嘼，今俗語多云畜牲。嘼，今多用畜者，俗書假借而然。」〔註164〕

（三），形與 （鄂君啓舟節）、 （包山楚簡一一六）同。例同上舉《尙書‧洪範》五行之例。

（日），形殘，據殘形及文例，知爲「日」字。

〔註159〕《尚書》，十三經注疏，藍燈出版社，頁 169。
〔註160〕《說文解字注》，許慎撰、段玉裁注，黎明文化事業股份有限公司，民國 80 年 8 月增訂八版，頁 218。
〔註161〕〈楚繒書新考〉（中），嚴一萍，《中國文字》第二十七冊，頁 8。
〔註162〕《禮記》，十三經注疏，藍燈出版社，頁 306～307。
〔註163〕同註 160，頁 496。
〔註164〕同註 160，頁 746。

（？）形殘，不可識，今闕疑。按以四色配四方，則此字當有白色之意。《說文》：「白，西方色也。」〔註165〕

（黃），形與黃（包山楚簡一七〇）同。訓顏色，爲五色之一。《說文》：「黃，地之色也。」〔註166〕《論衡・驗符》：「黃爲土色，位在中央。」〔註167〕

（戁、難），形與難（歸父盤）形同。戁即難字。或增「土」旁作難（包山楚簡二三六）。

（淕、沑），左形稍殘，可識爲「水」旁。淕，字書未見，從二水從囚，或可省其複重（省水）而爲沑。一如流，籀文作淋，篆文作流，〔註168〕蓋省其複重之「水」耳。《說文》「沑」字條段注：「沑細古今字。」〔註169〕知沑即今細字。

墨，於此通作「黑」。墨，古爲明母、職韻；黑，古爲曉紐、職部，故墨黑可假借。《說文》：「黑，北方色也。」〔註170〕

大意

年長的稱爲青榦，第二的稱爲朱四嘼，第三的稱爲□黃難，第四的稱爲沑墨榦。

※千又（有）百歲，昌（日月）夋生，九州不坪（平），山陵備峩（屳、㳔）。

（千），形與千（散盤）、千（㝅生盨）形同。千，《說文》訓「十百也」。〔註171〕《史記・淮陰侯傳》：「項王喑噁叱咤，千人皆廢。」〔註172〕

（百），形與百（多友鼎）、百（包山楚簡一三八）同。《說文》：「百，十十也。」〔註173〕《漢書・律曆志上》：「協于十，長于百。」〔註174〕

〔註165〕同註160，頁367。
〔註166〕同註160，頁704。
〔註167〕《論衡》，上海涵芬樓藏明通津草堂本，四部叢刊子部，文見卷十九，頁14，總頁第193。
〔註168〕同註160，頁573。
〔註169〕同註160，頁538。
〔註170〕同註160，頁492。
〔註171〕同註160，頁89。
〔註172〕《史記會注考證》，瀧川龜太郎，宏業書局，民國76年7月再版，頁1038。
〔註173〕同註160，頁138。

　（夋），从吕身，與下文帝夋之夋作同，唯此增益一筆耳。隸作「夋」
　　　　即「帝夋」。帝夋，即《竹書紀年》所載之「帝嚳高辛氏」〔註175〕《史
　　　　記・五帝本紀》「帝嚳高辛者」條，〈索隱〉引皇甫謐云：「帝嚳名夋也。」
　　　　〔註176〕
　　　　日月爲夋所生，正與《山海經》之記載相合。《山海經・大荒南經》：「東
　　　　南海之外，甘水之閒，有羲和之國。有女子名曰羲和，方日浴于甘淵。
　　　　羲和者，帝俊之妻，生十日。」〔註177〕《山海經・大荒西經》：「有女
　　　　子方浴月。帝俊妻常羲，生月十有二，此始浴之。」〔註178〕「日月夋
　　　　生」除與《山海經》所述相合外，亦與下文「帝夋乃爲日月之行」相互
　　　　對應。是以商承祚言「日月夋生」，爲「夋生日月」其說甚確。〔註179〕

　（九），形殘，因與下字「州」連讀，疑爲「九」字。今視殘形，與
　　　　（包山楚簡一八五）同，知爲「九」字無疑。作「數名」解。《素問・
　　　　三部九候論》：「天地之至數，始於一終於九焉。」〔註180〕

　（州），形與（井侯簋）、（散盤）、（包山楚簡一二六）形同。
　　　　《說文》：「，水中可居者曰州。」又云：「昔堯遭洪水，民居水中高
　　　　土，故曰九州。」〔註181〕九州之生成與上文所釋之洪水當有密切關係。
　　　　誠如《說文》所言，於上古之時發生大洪水，民是以居水中高土。蓋
　　　　以其數九，而爲九州。九州之名稱或有不同。《尚書・禹貢》云：「冀
　　　　州既載，壺口治梁及岐，……濟河惟兗州，……海岱惟青州，……海
　　　　岱及淮惟徐州，……淮海惟揚州，……荊及衡陽惟荊州，……荊河惟
　　　　豫州，……華陽黑水惟梁州，……黑水西河惟雍州。」〔註182〕《爾雅・
　　　　釋地》曰：「兩河閒曰冀州，河南曰豫州，河西曰雍州，漢南曰荊州，
　　　　江南曰揚州，濟河閒曰兗州，濟東曰徐州，燕曰幽州，齊曰營州。」

〔註174〕《漢書》，中華書局據武英殿本校刊，四部備要史部，文見卷二十一上，頁2。
〔註175〕《竹書紀年》，上海涵芬樓景印天一閣本，四部叢刊，頁2。
〔註176〕同註172，頁23。
〔註177〕《山海經校注》，袁珂，上海古籍出版社，1980年7月第一版，頁381。
〔註178〕同註177，頁404。
〔註179〕〈戰國楚帛書述略〉，商承祚，《文物》1964年第九期，頁16。
〔註180〕《重廣補注黃帝內經素問》，上海涵芬樓景印明顧氏翻宋本，四部叢刊子部，
　　　　文見卷第六，頁47。
〔註181〕同註160，頁574。
〔註182〕同註159，散見頁77～86。

〔註183〕《周禮·夏官·職方氏》:「乃辨九州之國,使同貫利。東南曰揚州,……正南曰荊州,……河南曰豫州,……正東曰青州,……河東曰兗州,……正西曰雍州,……東北曰幽州,……河內曰冀州,……正北曰并州,……。」〔註184〕

（不），形與 （包山楚簡三八）同。表否定之限制詞。《禮記·射義》:「好學不倦,好禮不變。」〔註185〕

（坪），形與 （包山楚簡一三八）同。又作 （包山楚簡一八四）則省去繁飾（一橫畫）。知為「坪」字無疑。何琳儀隸作「塝」,以「旁」、「平」音近可通而作「坪」。〔註186〕可備一說。饒宗頤先生隸作「重」。〔註187〕考「甬」,金文作 （吳方彝）、 （師兌簋）、 （毛公鼎）,其形均未變,與帛書 形不合。即如楚簡「甬」作 （包山楚簡一八七簡「郵」字偏旁）,亦與帛書之形別,是知隸作「甬」之可疑。坪,《說文》作「地平也。」〔註188〕

「九州不坪」,即「九州不平」。

（備），形與 （中山王鼎）近似。與 （包山楚簡二一三）形同。高明先生謂乃「備字之古體」,〔註189〕可從。或釋「儀」。〔註190〕考「羕」,帛書作 （〈天象篇〉二·08）與此字右形不類,知釋「儀」之不確。備,作「盡」解。《詩經·周頌·有瞽》:「既備乃奏,簫管備舉。」〔註191〕

（峽、血、洫），饒氏隸作「峽」。〔註192〕考「夭」,楚帛書作 （〈四時篇〉一·10「霆」字「走」字形上半。〈天象篇〉五·23「奡」字下半字形）,與此 形不類,知釋「夭」可商。今視字形當為从血矢,

〔註183〕同註157,頁815～820。
〔註184〕《周禮》,十三經注疏,藍燈出版社,頁498～500。
〔註185〕同註162,頁1016。
〔註186〕〈長沙帛書通釋〉,何琳儀,《江漢考古》1986年第二期,頁81。
〔註187〕同註156,頁242。
〔註188〕同註160,頁689。
〔註189〕〈楚繒書研究〉,高明,《古文字研究》第十二輯,頁379。
〔註190〕同註179,頁16。
〔註191〕《詩經》,十三經注疏,藍燈出版社,頁732。
〔註192〕〈楚繒書疏證〉,饒宗頤,中央研究院歷史語言研究所集刊,第四十冊（上）,頁8。

作峻。矢，形與金文[矢]（矢王鼎蓋）、[矢]（矢戈）近似。何琳儀以厂之籀文作厈，而證人、矢可通，而定「峻」爲「仙」之異文，並引《莊子‧齊物論》：「以言其老洫也。」而証古籍仙或作洫。〔註193〕可從。洫，作「敗壞」解。《莊子‧則陽》：「與世偕行而不替，所行之備而不洫。」〔註194〕

大意

過了一千又一百歲，帝俊乃生日月，九州不平，山嶽丘陵盡皆崩壞。

## ※四神乃作，至于復（復），天旁達（動），扦斁之青木、赤木、黃木、白木、墨木之精。

[神] 形殘，據殘形知爲「神」字。與[祀]（〈四時篇〉三‧36）形同。

[乃] 形殘，據殘形，知爲「乃」字。與[乃]（〈四時篇〉一‧35）形同。

[作] 形殘，據殘形，及文義，疑即「作」字，與[作]（〈天象篇〉二‧12）形同。《說文》：「[作]，起也。」〔註195〕此作「興起」解，《周易‧乾卦》：「聖人作而萬物覩。」〔註196〕
「四神乃作」，即謂「四神於是興起」。

[至] （至），係簡省之寫法。形與[至]（包楚簡二二四）同。作「至於」解。《漢書‧司馬相如傳上》：「從昆弟假貸，猶足以爲生，何至自苦如此！」〔註197〕

[于] （于），形與[于]（盂爵）、[于]（包山楚簡一六三）同。作介繫詞。訓「到」，《郑公牼鐘》：「台（以）樂其身，台（以）匽（宴）大夫，台（以）喜者（諸）士，至于萬年。」〔註198〕

[復] （復，復），形與[復]（包山楚簡二三八）同。連劭名隸作「覆」，訓「天蓋」，〔註199〕可備一說。此隸作「復」，即「復」，作「恢復」解。《史

---

〔註193〕同註186，頁81。
〔註194〕《南華眞經》，上海涵芬樓藏明世德堂刊本，四部叢刊子部，文見卷第八，頁185。
〔註195〕同註160，頁378。
〔註196〕《周易》，十三經注疏，藍燈出版社，頁15。
〔註197〕同註174：文見卷五十七上，頁2。
〔註198〕《金文總集》（九），嚴一萍，藝文印書館，民國72年12月初版，頁3965。
〔註199〕〈長沙楚帛書與中國古代的宇宙論〉，連劭名，《文物》1991年第二期，頁42。

記・平原君君虞卿傳》：「三去相，三復位。」〔註200〕

（天），形與（屬羌鐘）、（包山楚簡二四三）同。天，即天體，《詩經・唐風・綢繆》：「三星在天。」〔註201〕

（旁），形稍殘，可知爲與（妖嬰母簋）形同，唯帛書增繁飾橫畫。《周髀算經卷下》：「天之中央亦高四旁六萬里。」注：「四旁猶四極也。」〔註202〕是知天旁可釋爲天極，泛指整個天體而言。

（遑、動），从辵童聲，「童」形與（包山楚簡一八〇）同。童，假借作「動」，益辵旁爲加強行動之義。童、動古皆爲定紐、東部，故音同可假借。《毛公鼎》：「㲋（尸）母（毋）童（動）余一人才（在）立（位）。」〔註203〕動，於帛書作「運轉」解。《禮記・禮運》：「五行之動，迭相竭也。」〔註204〕「天旁動」如同《晉書・天文志》所云：「天旁轉如推磨而左行，日月右行，隨天左轉，故日月實東行，而天牽之以西沒。」〔註205〕之意。

（扞），古文字从手、从攵通作。如播，金文作（師旟鼎）、（散盤）；扶，作（扶鼎），均从「攵」作。知手、攵可通。今扞，从攵干聲，實可隸作「扞」。作「衛護」解。《左傳・桓公十二年》：「請無扞采樵者以誘之。」注：「扞，衛也。」〔註206〕

（斁），嚴一萍引吳大澂釋《毛公鼎》爲「斁」，甚是。〔註207〕按形與（欒書缶）近，何琳儀據以隸作「擇」。〔註208〕古文字手、攵通作，「斁」改隸作「擇」自無不可。帛書此處仍以本字「斁」爲釋。作「衰敗」解。《尚書・洪範》：「彝倫攸斁。」傳：「斁，敗也。」〔註209〕

---

〔註200〕同註172，頁931。
〔註201〕同註191，頁222。
〔註202〕《周髀算經》，上海涵芬樓借南陵徐氏積學齋藏明趙開美刊本景印，文見頁61。
〔註203〕《金文總集》（二），嚴一萍，藝文印書館，民國72年12月初版，頁732。
〔註204〕同註162，頁432。
〔註205〕《晉書》，中華書局據武英殿本校刊，文見卷十一天文志上，頁1。
〔註206〕《左傳》，十三經注疏，藍燈出版社，頁124。
〔註207〕同註161，頁11。
〔註208〕同註186，頁81。
〔註209〕同註159，頁167。

形與 （包山楚簡一九三）同。訓同上文。

（木），形與 （鄂君啓舟節）、（包山楚簡二六六）同。訓作「樹」，《管子・權修》：「十年之計，莫如樹木。」〔註210〕

（赤），形與 （包山楚簡一六八）同。赤，紅色，爲南方之色。《說文》：「，南方色也。从大火。」〔註211〕

（白），形與 （魯伯盤）、（包山楚簡二三三）同。白，《說文》：「，西方色也。」〔註212〕

墨，訓同「汹墨觖」之「墨」。

（精、精），从木从青，諸家皆隸作「精」，可從。帛書「精」所从之「青」作 ，形與 （包山楚簡二六二）同。「青」又見上文「青木」，唯形小異。蓋爲其異體。精，作「靈氣」解。《莊子・在宥》：「吾欲取天地之精，以佐五穀，以養民人。」〔註213〕青木、赤木、黃木、白木、墨（黑）木等五木，饒氏認爲爲改火之五木。〔註214〕筆者認爲此五木，當與上文所述之以顏色配方位及四神使天體重新運轉有關。上古時人，對於天體之運轉，常有多種疑問。《楚辭・天問》云：「幹維焉繫？天極焉加？八柱何當？東南何虧？九天之際，安放安屬？隅限多有，誰知其數？天何所沓？十二焉分？日月安屬？列星安陳？」〔註215〕就上所引即如屈原亦不免對天體何以能高懸而發出疑問來。帛書之「五木之精」，正處天地初闢、日月生成、四神使天體運行之後，是以疑此「五木」之作用爲支撐天體，使天體得以繼續不斷之運轉。今按以五色配五方，則青木、赤木、白木、黑木，分屬東南西北四方，黃木則置中央，以使天體得以運行不絕。今視帛書四隅分繪有四木圖，除有標明方位及四時之作用外，疑殆有此意。而帛書中間無「黃木」之圖，或即「寄在四維」之思想。《翼玄》卷五云：「中方濕生土，中無定位，

〔註210〕《管子》上海涵芬樓借常熟瞿氏鐵琴銅劍樓藏宋刊本景印，四部叢刊子部，頁7。
〔註211〕同註160，頁496。
〔註212〕同註160，頁367。
〔註213〕同註194，文見卷第四頁83。
〔註214〕同註156，頁244。
〔註215〕《楚辭》，上海涵芬樓借江南圖書館藏明繙宋本景印，四部叢刊集部，文見卷第三，頁48。

寄在四維。」〔註216〕

大意

　　四神於是興起，至於恢復舊常，使天體開始運轉，並且衛護已經衰敗的青木、赤木、黃木、白木、墨（黑）木等五木的靈氣，（以支撐天體，使天體得以運行不悖）。


※炎帝乃命祝[融]（融），以四神降，奠三天，[象]思敦（捊），奠四[亟]（亟、極）。

[炎]　　（炎），形與[炎]（包山楚簡一〇二）同。炎，即指「炎帝」。《呂氏春秋‧蕩兵》：「黃、炎故用水火矣。」〔註217〕

[帝]　　（帝），形與[帝]（斁簋）、[帝]（中山王壺）近似。帝，指五帝。炎帝為五帝之一，為傳說中之古帝。《國語‧晉語四》：「炎帝以姜水成。」〔註218〕

[乃]　　（乃），上形殘，猶可知為「乃」字。

[祝]　　（祝），諸家均隸作「祝」，甚是。按帛書[祝]，從示從兄，兄形與[兄]（伯公父匜）、[兄]（鎘鑄）同，知帛書此字為「祝」無疑。

[融]　　（融），嚴氏隸作融，〔註219〕甚確。按，帛書融，從二虫，其後蓋簡省複重僅存其一，其例又見上文「泅」字條。帛書「炎帝乃命祝融」以祝融為炎帝之臣屬，正與載籍切合，如《禮記‧月令》孟夏云：「其帝炎帝，其神祝融。」〔註220〕《淮南子‧天文篇》：「南方火也，其帝炎帝，其佐朱明。」高誘注：「舊說云祝融。」〔註221〕楚人祖炎帝之說於帛書又得一証。

[降]　　（降），形殘，據殘形，知與[降]（〈天象篇〉二‧14）形同。作「下」解，

---

〔註216〕《翼玄》，張行成，新文豐出版社，民國76年6月台一版，頁105。
〔註217〕《呂氏春秋》，上海涵芬樓藏明宋邦義等刊本，四部叢刊子部，文見卷第七頁41。
〔註218〕《國語》，上海涵芬樓借杭州葉氏藏明金李刊本景印，四部叢刊史部，文見卷十，頁10，總頁第84頁。
〔註219〕同註161，頁12。
〔註220〕同註162，頁306。又見於《呂氏春秋》夏季。
〔註221〕《淮南子》，上海涵芬樓景印劉泖生影寫北宋本，四部叢刊子部，文見卷第三，頁3，總頁第19頁。

即從上往下。《說文》：「屵，下也。」〔註222〕《孟子‧滕文公下》：「如時雨降，民大悅。」〔註223〕

奠　（奠），形與奠（包山楚簡一八六）同。作「定」解。《尚書‧禹貢》：「禹敷土隨山刊木，奠高山大川。」注：「奠，定也。」〔註224〕

「三天」，至今尚無定說。連劭名云：「三天，指太陽運行的軌道，即外衡、中衡、內衡，外衡爲冬至日道，中衡爲春、秋分日道，內衡爲夏至日道。」並引《周髀算經》爲說，〔註225〕連氏之說於帛書文義爲近。可備一說。

京　（？），形殘，不可識，今闕疑。

思　（思），形與思（包山楚簡一二九）同。帛書从「心」之字，心常省作「∀」，舉例言之如德作思（〈天象篇〉六‧11）、恭作恭（〈天象篇〉八‧11）、惠作思（〈天象篇〉十‧19）。

敄　（敄、捊），何琳儀引《說文》「捊」及「保」字爲說，證「敄」即「保」字，〔註226〕可備一說。「□思捊」，義不顯，今闕疑。

亟　（亟、極），形殘，嚴一萍引李棪齋之文隸作「亟」，〔註227〕諸家均無異說，今從之。「四極」，迄今亦無定說。考帛書此篇所云爲有關四時日月之生成，故此「四極」當亦與天體有關。《周髀算經》卷下：「凡日月運行四極之道。」注：「運，周也。極，至也，謂外衡也。日月周行四方至外衡而還，故曰四極也。」〔註228〕

大意

炎帝於是差使祝融，使四神降。定中衡、外衡、內衡三天，□思保，定天體運行時周體之東南西北四個極限。

※曰非九天則大妖（亟、汕），則母（毋）敢蔑（曠、蔑），天霝（令）帝夋，乃爲昌（日月）之行▬

〔註222〕同註160，頁739。
〔註223〕《孟子》，十三經注疏，藍燈出版社，頁111。
〔註224〕同註159，頁77。
〔註225〕同註199，頁44。
〔註226〕同註186，頁82。
〔註227〕同註161，頁13。
〔註228〕同註202，頁39。

（非），形與 （班簋）、 （包山楚簡四十）同。《說文》：「非，韋也。」段注：「韋，各本作違，今正。違者，離也；韋者，相背也。」〔註229〕帛書此訓作「違背」。

（九），形殘，據殘形及與「天連言」，猶可識爲「九」字。訓同九州之「九」。

（天），下形殘，據殘形，知爲「天」字。「九天」一詞，載籍多見，以《楚辭‧天問》所云之「九天」爲近。其云：「九天之際，安放安屬？」注：「九天，東方皞天、東南方陽天、南方赤天、西南方朱天、西方成天、西北方幽天、北方玄天、東北方變天、中央鈞天。」〔註230〕

（則），形與 （曾侯乙鐘）同，訓解相當於「乃、是、實」，《左傳‧宣公十二年》：「我則不德，而徼怨于楚。」〔註231〕

（大），形與 （鄂君啓舟節）、 （鑄客鼎）、 （包山楚簡二六七）同。喻程度之深。《文選‧報任少卿書》：「務一心營職，以求親媚於主上，而事乃有大謬不然者夫。」〔註232〕「非九天則大峽（血、洫）」意即「違背九天實則有大毀敗事生。」之謂。

（母、毋），形與 （鄂君啓車節）、 （包山楚簡二〇二）同。母、毋可假借。《中山王鼎》：「母（毋）忘爾邦。」〔註233〕

（敢），形稍殘，猶可識，知與 （夲甲盤）、 （包山楚簡二二四）同。作「有膽量」解。《邵鐘》：「余不敢爲喬（驕）。」〔註234〕

（曘、蔑）字書未見。饒氏以爲 之繁形，釋薟，即俗字曘。〔註235〕甚是。今隸作「曘」，通「蔑」。《文選‧風賦》：「中脣爲胗，得目爲曘。」注：「蔑與曘古字通。」按蔑，訓「輕視（侮）」之意。《韓非子‧外儲說左上》：「吾聞宋君無道，蔑侮長老。」〔註236〕

---

〔註229〕同註160，頁588。
〔註230〕同註215，文見卷第三，頁48。
〔註231〕同註206，頁393。
〔註232〕《文選》，宋淳熙本重雕鄱陽胡氏藏版，藝文印書館，民國78年1月十一版，文見卷二十九，頁六，總頁第419頁。
〔註233〕同註198，頁723。
〔註234〕《金文總集》（九），嚴一萍，藝文印書館，民國72年12月初版，頁4043。
〔註235〕同註156，頁246。
〔註236〕《韓非子》，上海涵芬樓藏黃菟圃校宋本，四部叢刊子部，文見卷第十一，頁

天，此作「天神」解。《尚書‧泰誓上》：「天祐下民，作之君，作之師。」
〔註 237〕

〔圖〕 （霝、令），形與〔圖〕（善夫克鼎）、〔圖〕（包山楚簡二三〇）同。霝假借作
「令」。霝、令古音均為來紐、耕部，二者音同可假借。《癸季良父壺》：
「其萬年霝（令）冬（終）難老。」〔註 238〕帛書霝假借為「令」，作
「命令」解。《周禮‧秋官‧遂士》：「王令三公會其期」。注：「令，猶
命也。」〔註 239〕

〔圖〕 （行），形與〔圖〕（曾伯簠）、〔圖〕（包山楚簡一六）同。行作「常度」解。
《尚書‧洪範》：「日月之行，則有冬有夏。」注：「日月之行，冬夏各
有常度。」〔註 240〕

大意

日，違背九天，實則有大毀敗事發生，實無有膽量輕視之。天命帝俊，
帝俊於是使日月依其常度運行，使春、夏、秋、冬各有常時。

# 第三節　有宵有朝，有晝有夕

※共攻（工）夸步，十日四寺（時），〔圖〕□神則閏，四〔圖〕母（毋）思，
百神風雨，晨禕（緯）亂乍（作）。

〔圖〕 （共），形與〔圖〕（包山楚簡二二八）同，「共」形又見於帛書恭字作〔圖〕（〈天
象篇〉八‧11）之共旁。「共」與下字「攻（工）」連言。

〔圖〕 （攻、工），形與〔圖〕（包山楚簡二三八）同，又見於〈宜忌篇〉十一月。
攻，通作「工」。攻、工古音同為見紐、東部，故可假借。《戰國策‧
西周策‧蘇厲謂周君章》：「是攻（工）用兵，又有天命也。」〔註 241〕
「共工」，為古天神名。帛書此篇，由伏犧述起，間有炎帝、祝融、共

58。

〔註 237〕 同註 159，頁 153。
〔註 238〕《金文總集》（七），嚴一萍，藝文印書館，民國 72 年 12 月初版，頁 3219。
〔註 239〕 同註 184，頁 529。
〔註 240〕 同註 159，頁 178。
〔註 241〕《戰國策校注》，上海涵芬樓借江南圖書館藏元至正十五年刊本景印，四部叢
刊史部，文見卷第三，頁 44。

工。此敘次正與《山海經・海內經》所述相符，其云：「炎帝之妻，赤水之子聽訞生炎居，炎居生節並，節並生戲器，戲器生祝融，祝融降處江水，生共工，共工生術器，術器首方顛，是復土穰，以處江水，共工生后土，后土生噎鳴，噎鳴生歲十有二。」〔註242〕

夸　（夸），左形稍殘。與（古匋）、（伯夸父盨）近似。《說文》：「夸，奢也。从大亏聲。」〔註243〕《方言》：「于，大也。」〔註244〕是以《廣雅・釋詁》云：「夸，大也。」〔註245〕

步　（步），形稍殘，猶可識爲「步」字，訓同上文「乃步以爲歲」之「步」。「夸步」，當亦爲推步之意。

十　（十），形與（鄂君啓舟節）、（蚉壺）同。作「數詞」。《我鼎》：「唯十月又一月丁亥。」〔註246〕

「十日」，當指自甲至癸之十天干而言。而非載籍所云「生十日」之十日。〔註247〕《周禮・秋官・趩蔟氏》：「以方書十日之號。」疏：「日謂從甲至癸者，據十幹而言。」〔註248〕「四寺（時）」，因上接自甲至癸之十日，下文又有「宵、朝、晝、夕」四者，故此處之四時疑指宵、朝、晝、夕四者而言，而非同上文所指「是隹四寺（時）」之春、夏、秋、冬。《左傳・昭公元年》：「君子有四時，朝以聽政，晝以訪問，夕以修令，夜以安身。」〔註249〕

？　（？），形殘，不可識，今闕疑。此字下缺去一字，亦闕疑之。

閏　（閏），从門从壬，「閏」字無疑。《說文》：「閏，餘分之月，五歲再閏也，」〔註250〕閏，有閏月閏日之分，實爲所頒行之曆法，其一年之時

---

〔註242〕《山海經校注》，袁珂，上海古籍出版社，1980 年 7 月第一版，頁 471。

〔註243〕《說文解字注》，許慎撰、段玉裁注，黎明文化事業有限公司，民國 80 年 8 月增訂八版，頁 497。

〔註244〕《方言校箋》，揚雄撰、周祖謨校箋，中華書局，1993 年二月第一版，頁 7。

〔註245〕《廣雅疏證》，王念孫，中華書局，1983 年 5 月第一版，文見卷一上〈釋詁〉頁 6。

〔註246〕《金文總集》（二），嚴一萍，藝文印書館，民國 72 年 12 月初版，頁 603。

〔註247〕同註 242，頁 381。

〔註248〕《周禮》，十三經注疏，藍燈出版社，頁 558。

〔註249〕《左傳》，十三經注疏，藍燈出版社，頁 707。

〔註250〕同註 243，頁 9。

間與地球環繞太陽運行一周之時間有差距所致，是以置閏以使二者之差距減至最小，以符時節。是故《尚書‧堯典》云：「帝曰：『咨汝羲暨和，期三百有六旬有六日，以閏月定四時成歲。』」〔註251〕

「□□神則閏」，蓋謂「某神爲之置閏」。

竹 （？），形殘，不可識，今闕疑。

「四□毋思」，義不顯，今闕疑。

百 （百），百形稍殘，猶可知與上文「千又百歲」之「百」形同。此處之百，表示眾多之意。《易經‧繫辭下》：「百官以治。」〔註252〕

神 神，字形殘斷，合視之爲「神」字無疑。

晨 （晨、辰），形與𣆪（郜公鼎）近似，唯帛書增益「日」旁。隸作晨，假借爲辰。《詩經‧齊風‧東方未明》：「不能辰夜，不夙則莫。」〔註253〕

禕 （禕、緯）从示韋聲，隸作「禕」。帛書辰禕猶言辰緯。何琳儀引《宋玉‧拓跋氏傳》：「嘉謀動蒼天，精氣貫辰緯。」而釋作「星緯」。〔註254〕可從。考「緯」，當指「五星」。《左傳‧襄公二十八年》疏：「五星者，五行之精也。曆書稱木精曰歲星、火精曰熒惑、土精曰鎮星、金精曰太白、水精曰辰星，此五者，皆右行於天，二十八宿則著天不動，故謂二十八宿爲經，五星爲緯。」〔註255〕

亂 （亂），形與𤔔（包山楚簡一九二）同。《說文》：「𤔔，治也，幺子相亂受治之也，讀若亂同。」〔註256〕蓋𤔔即亂。作「妄，任意」解，《尚書‧無逸》：「亂罰無罪。」〔註257〕

乍 （乍、作），形與𠂤（善夫克鼎）、𠂤（陳侯午錞）同。乍通作。乍，古爲崇紐、鐸部；作，古爲精紐、鐸部，故乍、作可假借。《宰甫簋》：「王光（貺）宰甫貝五朋，用乍寶尊。」〔註258〕「辰緯亂作」意謂星緯任意妄行（亂逆其行）。

〔註251〕《尚書》，十三經注疏，藍燈出版社，頁21。
〔註252〕《周易》，十三經注疏，藍燈出版社，頁168。
〔註253〕《詩經》，十三經注疏，藍燈出版社，頁192。
〔註254〕〈長沙帛書通釋〉，何琳儀，《江漢考古》1986年第二期，頁82。
〔註255〕同註249，頁650。
〔註256〕同註243，頁162。
〔註257〕同註251，頁244。
〔註258〕《金文總集》（四），嚴一萍，藝文印書館，民國72年12月初版，頁1401。

大意

共工推步，欲制定由甲至癸之十干及宵朝晝夕四時，□□神爲之置閏，四□毋思，風、雨狂作，星緯亂逆其行。

## ※乃送（迓、駕）昌（日月）以逆（傳）相匕入思，又（有）宵、又（有）朝、又（有）晝、又（有）夕■

送　（迓、駕），形稍殘。商承祚釋迓，讀作過；〔註259〕嚴一萍據羅振玉釋後，同踐。而隸作踐；〔註260〕饒宗頤先生則隸作逆。〔註261〕按上隸諸字，於形均不類。帛書此字，形與楚簡（包山楚簡一二二）、（包山楚簡一二三）近似。劉彬徽等人釋包山簡此字爲「迓」，借作「駕」。並引《說文》：「次第馳也。」爲說，〔註262〕其說甚是。考帛書此殘字，疑即包山簡迓字。是今據以隸作迓，亦借作「駕」爲說，作「前後相隨而馳」之意。

逆　（逆、傳），訓與上文「乃上下朕（騰）逆（傳）」之「傳」同。

匕　（？），形殘，不可識，今闕疑。

思　「思」字心部稍殘，猶可識。此作句尾語氣詞。《詩經・周南・漢廣》：「漢之廣矣，不可泳思。」〔註263〕

入　「思」下一字形殘，據此句文例爲「又宵、又朝、又晝、又夕」，上三個「又」字，上形均殘，然猶可識，且最末「又（有）夕」之「又」字，清楚可辨，當可爲據。

宵　（宵），形與（宵篡）夕（包山楚簡五一）同。作「夜晚」解。《說文》：「宵，夜也。」〔註264〕《詩經・豳風・七月》：「晝爾于茅，宵爾索綯。」〔註265〕

〔註259〕〈戰國楚帛書述略〉，商承祚，《文物》1964年第九期，頁17。
〔註260〕〈楚繒書新考〉（中），嚴一萍，《中國文字》第二十七冊，頁15。
〔註261〕〈楚帛書新證〉，饒宗頤，《楚地出土文獻三種研究》，饒宗頤、曾憲通，北京：中華書局，1993年8月第一版，文見頁247。
〔註262〕〈包山二號楚墓簡牘釋文與考釋〉，劉彬徽、彭浩、胡雅麗、劉祖信，《包山楚墓》（上），湖北省荊沙鐵路考古隊，文物出版社1991年10月第一版，文見頁379，註202。
〔註263〕同註253，頁42。
〔註264〕同註243，頁344。
〔註265〕同註253，頁285。

（朝），形與🖼（盂鼎）、🖼（包山楚簡一四五）同。作「早晨」解。《說文》：「朝，旦也。」〔註266〕《論語・里仁》：「朝聞道，夕死可矣。」〔註267〕

（晝），形與🖼（嗀簋）近似。作「白天」解，即日出至日沒這一段時間。《說文》：「晝，日之出入，與夜爲介。」〔註268〕《論語・子罕》：「逝者如斯夫，不舍晝夜。」〔註269〕

（夕），形殘，不可識。然據此以宵朝晝爲言，則知此殘字爲「夕」字。殘形與🖼（毛公鼎）、🖼（應公鼎）同，知爲「夕」字無疑。作「日暮、傍晚」解。《說文》：「夕，莫也。」〔註270〕《詩經・王風・君子于役》：「日之夕矣，羊牛下來。」〔註271〕

大意

於是次第相馳跟隨著日月運行，而使得一天中有夜晚、有早晨、有白天、有傍晚的分別。

---

〔註266〕同註243，頁311。

〔註267〕《論語》，十三經注疏，藍燈出版社，頁37。

〔註268〕同註243，頁118。

〔註269〕同註267，頁80。

〔註270〕同註243，頁318。

〔註271〕同註253，頁149。

# 第六章　楚帛書〈天象篇〉文字考釋

## 第一節　嬴絀逆亂，天地作殃

※隹（惟）□□三，月則經（經）絀，不旻（得）亓（其）虐（當）。春夏秋冬，□又（有）屮尚（常）。

隹　　（隹、惟），形與（中山王壺）、（畚壺）同。爲句首語氣詞。通「惟」，隹，古爲章紐、微部；惟，古爲余紐、微部，故可假借。《此鼎》：「隹（惟）十又七年，十又二月既生霸。」〔註 1〕「隹」下二字缺去，今闕疑。

三　　（？），形殘。或釋日、〔註2〕或釋四，〔註3〕安志敏、陳公柔據殘文最下橫畫，兩端上曲，而釋爲「正」。〔註4〕今考帛書全文，日月均合文作，

---

〔註 1〕　《金文總集》（二），嚴一萍，藝文印書館，民國 72 年 12 月再版，頁 667。

〔註 2〕　釋日者，如〈楚繒書新考〉（上），嚴一萍，《中國文字》第二十六冊，頁 7；〈楚繒書疏證〉，饒宗頤，《中央研究院歷史語言研究所集刊》第四十冊，頁 11；〈長沙出土戰國帛書考補正〉，林巳奈夫，《東方學報》（京都）第三十七冊，頁 510。

〔註 3〕　釋四者，如《長沙子彈庫戰國楚帛書研究》，李零，北京：中華書局，1985 年 7 月第一版，頁 51；《THE CHU SILK MANUSCRIPT~Translation and Commentary~》 Noel Barnard Published by Deparment of Far Eastern History Reserch School of Pacific Studies Institute of Advanced Studies The Australian Nation University Canberra，1973，頁 121；〈評巴納楚帛書文字的韻與律〉，李棪齋，香港大學，《中國文化研究所學報》四卷二期，頁 540。

〔註 4〕　〈長沙戰國繒書及其有關問題〉，安志敏、陳公柔，《文物》1963 年第九期，頁 54。

　　獨此分書，不類，於字形亦不似。饒宗頤先釋日，後又缺釋，蓋知釋日之不確；〔註5〕釋「四」，帛書「四」字有二形：一作■、一作■，〔註6〕均與殘形不類。釋「正」亦與帛書「正」字作■（〈天象篇〉九‧04）不符，〔註7〕且帛書稱歲首第一個月為一月（〈天象篇〉三‧25），此又出現「正月」，故知釋「正」之不可信，因形殘，故缺疑。

■（月），形與■（攣書缶）、■（鄂君啓舟節）、■（包山楚簡一二）同。作為「月亮」解《詩經‧齊風‧雞鳴》：「匪東方則明，月出之光。」〔註8〕

■（緰、緥），形與■（仰天湖楚簡）近似，與■（包山楚簡二一八）同。帛書从呈，當為呈之省。緥即緰也。《說文》：「■，緰或从呈。」〔註9〕知緥即緰。緰，从糸盈聲。《說文》贏字條段注云：「贏，〈地理志〉作盈。」〔註10〕則緥可假借作贏，作「餘」解《荀子‧非相篇》：「與世偃仰，緩急贏絀。」注：「贏，餘也。」〔註11〕

■（絀），形與■（馬王堆老子乙一八二下）形似。作「減省、不足」解。《荀子‧非相篇》：「與世偃仰，緩急贏絀。」〔註12〕絀又讀作縮。緥絀即盈縮。《史記‧范睢蔡澤列傳》：「日中則移，月滿則虧，物盛則衰，天地之常數也。進退盈縮，與時變化。」考證云：「祕閣本，盈作贏。」〔註13〕則緥絀又可讀作贏縮矣。作「進退」解《史記‧天官書》：「歲星贏縮，以其舍命國。所在國不可伐，可以罰人。其

〔註5〕 饒宗頤於〈楚繒書疏證〉頁11中釋日，後又於《楚帛書》中缺釋。《楚帛書》，饒宗頤、曾憲通合編，香港：中華書局，1985年9月版，頁36。

〔註6〕 帛書作■者，見於〈四時篇〉二‧13、三‧35、四‧10、四‧26、五‧11、六‧08、七‧11、七‧18、見於〈天象篇〉之九‧05；■形見於〈四時篇〉之三‧13、六‧18、見於〈天象篇〉之四‧06、五‧32、八‧28。

〔註7〕 帛書「正」字，其下橫畫均上仰，且其上橫畫下曲，並有裝飾性筆畫，如〈天象篇〉九‧04、九‧14，而此殘形，上橫畫平寫且無裝飾性筆畫，與帛書「正」字於形不類，知釋「正」之不確。

〔註8〕 《詩經》，十三經注疏，藍燈出版社，頁188。

〔註9〕 《說文解字注》，許慎撰、段玉裁注，黎明文化事業股份有限公司，民國80年8月增訂八版，頁652。

〔註10〕 同註9，頁618。

〔註11〕 《荀子》，上海涵芬樓景印古逸叢書本，四部叢刊子部，文見卷第三，頁9，總頁第29頁。

〔註12〕 同註11。

〔註13〕 《史記會注考證》，瀧川龜太郎，宏業書局，民國76年7月再版，頁957。

趨舍而前曰贏，退舍曰縮。贏，其國有兵不復；縮，其國有憂，將亡，國傾敗。」〔註14〕《漢書・天文志》:「凡五星早出爲贏，贏爲客；晚出爲縮，縮爲主人。」〔註15〕五星以早出爲贏爲客，晚出爲縮爲主人，若主客相逆反，則亂生。

(旻、得)，形殘，據殘形，知與☐(包山楚簡一九八)同。字又見☐(〈天象篇〉三・10)，知殘形爲「得」字無疑。《詩經・周南・關雎》:「求之不得，寤寐思服。」〔註16〕

(尚(嘗)、當)，形與☐(畬肯鼎)、☐(畬肯簋)形似。帛書尚，从尚从艸，蓋爲「棠」之訛變。棠，《畬肯鼎》:「以共(供)戠(歲)棠。」〔註17〕按此「棠」當爲祭祀字「嘗」。《詩經・小雅・天保》:「禴祠烝嘗。」傳:「春曰祠、夏曰禴、秋曰嘗、冬曰烝。」〔註18〕《爾雅・釋天》:「秋祭曰嘗。」〔註19〕於此假借爲「當」。嘗，古爲禪紐、陽部；當，古爲端紐、陽部，故可假借。《說文》:「☐，田相值也。从田尚聲。」〔註20〕引申爲不失其所、恰當之意。《禮記・樂記》:「夫古者，天地順而四時當。」〔註21〕《史記・樂書》引子夏語云:「夫古者天地順而四時當，民有德而五穀昌。疾疢不作而妖祥，此之謂大當。」鄭玄注:「當，謂不失其所也。」〔註22〕

(春)，形與☐(魏三體石經・莊公二八年)、☐(汗簡)、☐(包山楚簡二一四)形似。《說文》:「☐，推也。从日艸屯，屯亦聲。」〔註23〕帛書春作☐，蓋刪艸而於「屯」加繁飾丿。繁飾之作，又如風之作☐(〈四時篇〉一・31)，凡之作☐(〈天象篇〉五・11)。春爲四季之首。《公羊傳・隱公元年》:「春者何？歲之始也。」〔註24〕

---

〔註14〕同註13，頁465。

〔註15〕《漢書》，中華書局據武英殿本校刊，四部備要史部，文見卷二十六，頁11。

〔註16〕《詩經》，十三經注疏，藍燈出版社，頁21。

〔註17〕同註1，頁577。

〔註18〕同註16，頁330。

〔註19〕《爾雅義疏》，郝懿行，藝文印書館，民國76年10月四版，頁792。

〔註20〕同註9，頁703～704。

〔註21〕《禮記》，十三經注疏，藍燈出版社，頁691。

〔註22〕同註13，頁431。

〔註23〕同註9，頁48。

〔註24〕《公羊傳》，十三經注疏，藍燈出版社，頁8。

🜚　（夏），形稍殘，據與〈宜忌篇〉章題之「夏」字同，知其形爲🜚。與🜚
（包山楚簡一九三）形同。夏爲一年四時之次，《詩經・小雅・四月》：
「四月維夏，六月徂暑。」〔註25〕

🜚　（秋），形與🜚（包山楚簡二一四）同。秋爲一年四季之第三季。《詩經・
衛風・氓》：「將子無怒，秋以爲期。」〔註26〕

🜚　（冬），形殘，據與春夏秋連言，知爲「冬」字。形又見〈宜忌篇〉十
二月章題，唯章題「冬」字亦形殘。據殘形知與🜚（包山楚簡二〇
五）形同。冬爲四季之末，《說文》：「🜚，四時盡也。」〔註27〕帛
書春、夏、秋、冬均从日，知爲四時之專用字。「冬」下缺去一字，
不可識，今闕疑。

「又」亦通作「有」，說同〈四時篇〉之釋。

🜚　（？），上形殘去，下僅存「又」形，不可識，今闕疑。

🜚　（尚、常），形與🜚（中山王壺）、🜚（包山楚簡二二一）同。假借作「常」。
尚、常，古均爲禪紐、陽部，音同可假借。《𦤶方鼎》：「烏虖！朕文考
甲公、文母日庚弋休，則尚（常）安永宕乃子𦤶心，安永襲𦤶身。」〔註
28〕常，作「常數」解。《管子・水地》：「萬物莫不盡其幾，反其常者，
水之內度適也。」注：「常，謂長育之常數也。」〔註29〕饒宗頤視「尚」
下有重文符「＝」，〔註30〕今據照片影本視之，饒氏所謂重文符號，蓋
爲帛書殘斷所致，「尚」下實無重文符。據帛書文意，上有「不得其當」，
下有「亂逆其行」、「卉木亡常」，則此殘文「□又□尚」，當亦爲「亡常」
之意。帛書云「春夏秋冬，□又（有）□常」，帛書之四時言「常」，與
〈帝載歌〉同，其云：「日月有常，星辰有行，四時順經，萬姓允誠，……。」
〔註31〕四時順經，「經」即「常」意，且「日月有常」，則十二紀明矣！

〔註25〕同註16，頁442。
〔註26〕同註16，頁134。
〔註27〕同註9，頁576。
〔註28〕同註1，頁672。
〔註29〕《管子》，上海涵芬樓借常熟瞿氏鐵琴銅劍樓藏宋刊本景印，四部叢刊子部，
文見卷十四，頁1，總頁第84頁。
〔註30〕〈楚帛書新證〉，饒宗頤，《楚地出土文獻三種研究》饒宗頤、曾憲通合著，
北京中華書局，1993年8月第一版，頁250。
〔註31〕文見《古詩源箋註》，華正書局，民國79年9月初版，頁30。文又見《竹書

〔註32〕「十二紀」明，則春夏秋冬四時分矣。今帛書言春夏秋冬無常，蓋即星辰贏縮，亂逆其行所致。又徐山先生言「冬」字後之殘文應隸作「亡」，其云：「第十六字『冬』後的殘文，似可定爲『亡』字，只是字形斷裂，其下半部份諸家又與第十八字『又』誤混爲一字。原文讀作『春夏秋冬，亡又（有）尚（常）』。」〔註33〕今視帛書「亡」字作「&#x20;」（〈天象篇〉一·33、三·33）與徐氏所言之殘形「&#x20;」不類，故知釋「亡」之不確。

大意

惟□□□，月亮運行失序，進退不得其所。以致春夏秋冬四時亦失其常序，代興無常。

## ※昌（日月）星辰，亂逆其行。經（經）絀逆□（亂？），卉木亡尚（常）。

**星** （星），形與 星 （《說文》篆文或省）同。星，此泛指宇宙中星體。《說文》：「星，萬物之精，上爲列星，从晶从生聲。」〔註34〕《詩經·召南·小星》：「嘒彼小星，三五在東。」〔註35〕

**唇** （唇、辰），下形稍殘，據殘形，知爲从辰从日，與 唇 （包山楚簡二十）形同，字又見 唇 （〈天象篇〉七·27）。唇即辰。《說文》農字段注云：「《周語曰：『農祥晨正。』韋云：『農祥，房星也，晨正，謂立春之日，晨中於午也。農事之候，故曰農祥，』《爾雅》注曰：『龍星明者，以爲時候，故曰大辰。』」又云：「以晨解例之，當云从晶从辰。辰，時也，辰亦聲。上文爲民田時者，正爲从辰發也，農星字亦徑作辰。《周語》：『辰馬農祥，……。』」〔註36〕由上段注所云，知「晨」實即「辰」字，唯繁簡之異耳。足證帛書「唇」即「辰」字，从「日」，蓋其繁形。

---

紀年》，上海涵芬樓影印天一閣刊本，四部叢刊，頁五，唯「順經」改爲「從經」。

〔註32〕 紀，日月交會爲紀。一歲十二會，故爲十二紀。

〔註33〕 請參〈長沙子彈庫戰國楚帛書行款問題質疑〉，徐山，《考古與文物》1990年第五期，頁92。

〔註34〕 同註9，頁315。

〔註35〕 同註16，頁63。

〔註36〕 同註9，頁316。

辰，日月交會之處。《國語・周語下》：「辰在斗柄，星在天黿。」注：「辰，日月之會。」〔註37〕日月星辰連言，載籍習見，如《尚書・堯典》：「欽若昊天，歷象日月星辰。」〔註38〕《山海經・大荒西經》：「以行日月星辰之行次。」〔註39〕

（遊、逆），下形殘，猶可知从止。形當與 （包山楚簡一四二）同。商承祚隸作「達」，〔註40〕湯餘惠隸作遊，即「祥」。〔註41〕均可備一說。帛書此字从辵从放从羊，當以隸作「遊」爲是，從湯氏作「祥」。

《尚書大傳・洪範五行傳》：「時則有日月亂行，星辰逆行。」鄭注：「亂謂薄食、鬥並見；逆謂贏縮、反明、經天、守舍之類也。」〔註42〕於日月言亂，星辰言逆，與帛書此文，上有「日月星辰」，適相吻合，疑遊當讀作逆。作贏縮解。

「亂逆其行」，「行」猶「常度、道度」。《尚書・洪範》：「日月之行，則有多有夏。」注：「日月之行，多夏各有常度。」〔註43〕《詩經・小雅・十月之交》：「日月告凶，不用其行。」箋：「行，道度也。」〔註44〕帛書「亂逆其行」蓋即「不用其行」之意。

（遊、逆），形殘，據殘形，知爲「遊」字。形與 （〈天象篇〉三・19）同。「絚紲遊（逆）□」末字缺，據與逆字連言，疑當爲「亂」字。帛書逆亂連言者有「亂逆其行」，考此篇起首至此，其意蓋述日月星辰運行無序，及四時代興失常，依此而擬此句逆字下之缺字爲「亂」，當無可疑。其下又云「亡尚（常）」，悖逆之意益顯。

（卉），右形殘，據文意及殘形知爲「卉」字。《說文》：「艸，艸之總名也。」〔註45〕「卉木」即草木。《詩經・小雅・出車》：「春日遲遲，

〔註37〕《國語》，上海涵芬樓借杭州葉氏藏明金李刊本景印，四部叢刊史部，文見卷三，頁23，總頁第33頁。

〔註38〕《尚書》，十三經注疏，藍燈出版社，頁21。

〔註39〕《山海經校注》，袁珂，上海古籍出版社，1980年7月第一版，頁402。

〔註40〕〈戰國楚帛書述略〉，商承祚，《文物》1964年第九期，頁12。

〔註41〕〈包山楚簡讀後記〉，湯餘惠，《考古與文物》1993年第二期，頁70。

〔註42〕《尚書大傳》上海涵芬樓藏左海文集本，四部叢刊經部，文見卷三，頁十三，總頁第41頁。

〔註43〕同註38，頁178。

〔註44〕同註16，頁407。

〔註45〕同註9，頁45。

卉木妻妻。」〔註46〕帛書「緹紳逆亂，卉木亡常。」緹紳逆亂，何以
直指草木無常？商承祚云：「以草木遍地皆是，爲人接觸頻繁的植物，
其消長尤易令人從之感覺氣候正常與不正常。」〔註47〕商氏之言可備
一說。

大意

日月星辰因之嬴紳逆亂而運行無有常度。草木之生長亦因之失其常時。

※卜（上下？）□（作？）夭，天壄（陀、地）乍（作）業（殃）。
天楅（棓）牁（將）乍（作）濾，降于其□方。山陵亓（其）雙
（發），又（有）朏（淵）ス（氒、厥）泅（汩），是胃（謂）𡕥（𡭟
𡭟）。

卜　　（上下？），下形殘。據殘形，疑爲上下合文，字形同𠄌（〈宜忌篇〉七
　　　月）。考帛書此句「上下（？）□夭」與下文「天壄（地）乍（作）業
　　　（殃）。」相駢，則知此殘字當爲表上下神祇之「上下」合文。訓同〈四
　　　時篇〉「上下朕（騰）傳」之「上下」。「上下」合文之下一個字殘缺，
　　　據上述句式相駢，疑此缺字爲「乍（作）」。訓同〈四時篇〉「辰禕（緯）
　　　亂乍（作）」之「乍（作）」。

夭　　〔夭〕，夭字上形殘，或釋「灾」，〔註48〕或譯「実」，〔註49〕據殘形知
　　　爲𡗜（〈天象篇〉五・23）。當隸作「夭」，吳九龍先生論述甚詳，其
　　　舉地下出土之《老子甲本及卷后古佚書》，與流傳之古籍《尙書・君奭》
　　　等對照，論證得出，戰國文字「𡗜」，即今「夭」字，〔註50〕吳說可
　　　從。夭，作「災禍」解。《詩經・小雅・正月》：「天夭是椓。」鄭箋：
　　　「夭，災也。」〔註51〕

壄　　（壄、地），形與𡎚（包山楚簡二〇二）同。各家皆釋爲「地」，竊疑帛
　　　書此字从阜从它从土，當隸作「壄」，減省爲「陀」。考春秋戰國，从

〔註46〕同註16，頁340。
〔註47〕同註40，頁12。
〔註48〕〈楚繒書新考〉（上），嚴一萍，《中國文字》第二十六冊，頁11。
〔註49〕〈楚繒書研究〉，高明，《古文字研究》第十二輯，頁384。
〔註50〕〈簡牘帛書中的〝夭〞字〉，吳九龍，《出土文獻研究》1985年6月，頁250
　　　～252。
〔註51〕同註16，頁401。

阜从土之字，其後常刪土存阜。舉例言之如：陳作 （包山楚簡一三八）、（陳侯午錞）、（陳貯簋）；降作 （不降矛）；阿作 （平阿戈）、（平阿戈）。細審其形義，均與「土」有關。《說文》：「，宛丘也。」〔註52〕「，下也。从𨸏夅聲。」〔註53〕「阿，大陵曰阿。」〔註54〕《說文》云：「，大陸也。」〔註55〕阜、土義相重，是以戰國後刪土存阜，故墜作陳、隆作降、陞作阿。準此例之，則帛書「墜」當簡省為「陀」，又通作「地」。陀、地，古均為定紐、歌部，音同可假借。《包山楚簡二〇七》：「屏於埜（野）墜（地）宔一䝏，宮墜（地）宔一䝏。」〔註56〕

（羕、殃），形與 （陳逆簋）、（包山楚簡七五）近似。羕，假借作「殃」。羕，古為余紐、陽部；殃，古為影紐、陽部，二者音近可假借。殃，作「災禍」解，《廣雅·釋言》：「殃，禍也。」〔註57〕《尚書·伊訓》：「作不善，降之百殃。」〔註58〕饒氏釋羕為「祥」，舉《中山王壺》：「不羕莫大焉。」不羕即不祥，與《馬王堆·天文氣象雜占》：「天星出，赤傅月為大兵、黃為大羕、白為大喪、青有年、黑大水。」謂大羕即大祥，「作羕」應即「作祥」。〔註59〕竊考帛書文意，此篇開首至此均言災道禍。何以此句獨言「祥」，與文意頗為出入，加以此句下之文句亦多天災地變，是知釋「祥」之可商。

（榾、桮），形與 （包山楚簡二五〇）、（包山楚簡二六六）同，唯帛書增益「口」部，無義。一如丙之作 （〈宜忌篇〉一月）、紀之作 （〈天象篇〉四·13）。帛書此字當隸作榾，饒氏釋「桮」，〔註60〕可從。

---

〔註52〕同註9，頁742。
〔註53〕同註9，頁739。
〔註54〕同註9，頁738。
〔註55〕同註9，頁738。
〔註56〕《包山楚墓》（下），湖北省荊沙鐵路考古隊，文物出版社，1991年10月第一版，文見圖版一八二。
〔註57〕《廣雅疏證》，王念孫，北京：中華書局，1983年5月第一版，文見卷五下，頁18，總頁第163頁。
〔註58〕同註38，頁115。
〔註59〕同註30，頁253。
〔註60〕同註30，頁253。

「天棓」，星名。《呂氏春秋·明理篇》:「其星有熒惑、有彗星、有天棓、有天欃。」〔註61〕《史記·天官書》:「三月生天棓，長四尺、末兌。」正義:「天棓者，一名覺星，本類星而末銳，長四丈，出東北方、西方，其出則天下兵爭也。」〔註62〕〈天官書〉又云:「紫宮左三星曰天槍，右五星曰天棓。」〔註63〕嚴一萍釋爲「天根」、〔註64〕李零釋爲「天鼓」，〔註65〕均可備一說。

棓 (牆、將)，形與 𤕫 (包山楚簡一四二) 同。隸作牆。即「將」字。《說文》:「𤖤，醢也。从肉酉，酒以龢牆也，爿聲。」又「𤖲，古文牆如此。」〔註66〕《說文》:「𤕫，帥也。从寸，牆省聲。」〔註67〕牆爲牆之古文，「將」又「从寸，牆省聲。」是知牆即今「將」字。將，將然之意。《易經·繫辭上》:「是以君子將有爲也，將有行也。」〔註68〕

瀓 (瀓)，从水从放从易，隸作瀓。饒氏引《漢書·天文志》:「四星若合，是謂大湯。其國兵喪並起，君子憂，小人流。」晉灼曰:「湯，猶盪滌也。」〔註69〕謂瀓即大湯之意，可備一說。《尚書·堯典》:「湯湯洪水方割，蕩蕩懷山襄陵。」傳:「蕩蕩言之奔突有所滌除。」〔註70〕帛書之「瀓」即「蕩蕩」之義。「作瀓」即降下大雨，致使水流奔突而滌除障礙之謂。李零釋瀓作湯，謂大雨，〔註71〕可備一說。

亓 (其)，形殘，據文義及殘形知爲「其」字。字作 亓，訓與「以爲其疏」(〈四時篇〉)之「其」同。

「降於其□方」句，李零言「其」下缺一字，並補入「四」字，〔註72〕

---

〔註61〕《呂氏春秋》，上海涵芬樓藏明宋邦義等刊本，四部叢刊子部，文見卷六，頁10，總頁第39頁。

〔註62〕同註13，頁466。

〔註63〕同註13，頁458。

〔註64〕同註48，頁12。

〔註65〕《長沙子彈庫戰國楚帛書研究》，李零，北京:中華書局，1985年7月第一版，頁53。

〔註66〕同註9，頁758。

〔註67〕同註9，頁122。

〔註68〕《周易》，十三經注疏，藍燈出版社，頁154。

〔註69〕同註15:文見卷二十六，頁9。

〔註70〕同註38，頁26。

〔註71〕同註65，頁53。

〔註72〕同註65，頁53。

可備一說。

（方），形與**方**（毛公鼎）、**方**（包山楚簡一五五）同。方，作「大地」解。《淮南子・本經篇》：「戴員履方。」注：「方，地也。」〔註 73〕

（夒、夌），夒，從四止，從十從又（**夊**，實即夊字），當隸作夒。形與**夒**（包山楚簡一二五反）同。商承祚隸作「夌」、〔註 74〕於形不似。李零以《易鼎》有銘作「弗敢**夒**」，及金文有相似銘例作「弗敢沮」、「弗敢**夒**」等，再據古人講山陵崩壞，均以崩或墮稱之，而釋帛書此字為墮；〔註 75〕饒氏則釋**夌**，讀為發，作「不收」解。〔註 76〕考帛書「夒」，為「夌」之繁形。由四止變而為二止，猶如由四口變而為二口然，如「喪」，金文作**喪**（旅作父戊鼎）、**喪**（毛公鼎）等。夌，《說文》：「**夌**，以足蹋夷艸，从夊从夊。《春秋傳》曰：『夌夷蘊崇之。』」段注：「隱六年左傳，今夌作荑，音衫，又班固〈荅賓戲〉：『夷險發荒。』晉灼曰：『發，開也。』今諸本多作荑，按發亦夌之誤。」〔註 77〕由是知「夌」讀為「發」之不可據，段氏已明言。夌，作「夷平」解。帛書「山陵其夌」意與《詩經・小雅・十月之交》：「百川沸騰，山冢崒崩。」〔註 78〕之意正同。

（朋、淵）形與**朋**（中山王鼎）、**淵**（沈子它簋）近似。按字形當隸作朋，即今淵字。《集韻》：「淵，古作朋。」〔註 79〕《說文》：「**淵**，回水也。从水，象形。左右，岸也；中象水貌。**朋**，淵或省水。」〔註 80〕朋，此作「深潭」解。《中山王鼎》：「寡（寡）人聞（聞）之，䍙（與）其汋（溺）於人施（也），寧汋（溺）於朋（淵）。」〔註 81〕

（厥），形殘斷，據殘形知為「厥」字。訓同〈四時篇〉「厥□人魚」之「厥」。

（汩、泪），從水從日〈〈，隸作汩。考戰國文字有省去複重之特色（詳

---

〔註 73〕《淮南子》，上海涵芬樓景印劉泖生影寫北宋本，四部叢刊子部，文見卷八頁 7，總頁第 54 頁。

〔註 74〕同註 40，頁 12。

〔註 75〕同註 65，頁 54。

〔註 76〕同註 30，頁 254。

〔註 77〕同註 9，頁 68～69。

〔註 78〕同註 16，頁 407。

〔註 79〕《集韻》，中華書局據棟亭五種本校刊，文見平聲三，頁 4。

〔註 80〕同註 9，頁 555～556。

〔註 81〕同註 1，頁 714。

第十章第一節），則从水、从《其義亦重，可省去其一。何琳儀以古文字从日、从曰偶有互混，从《與从川亦常可互用，而隸帛書此字作湿，並謂「昃」本从「川」，複增「水」作「湿」，實乃繁化，並引《說文》：「𣱱，水流也。」與「汨」爲古今字（詳《說文詁林》），而改隸作「汨」。〔註82〕何說可從。帛書湿可隸作湿。从水與从川，其義實複重，故或省「川」而作「汨」；或省「水」而作「昃」，昃爲汨之古字，則不管省「水」或省「川」，其隸定字皆作「汨」。汨，作「湧出泉水」解，《莊子・達生篇》：「與齊俱入，與汨偕出。」郭象註：「回伏而湧出者，汨也。」〔註83〕

多　（胃、謂），形與多（包山楚簡九六）同。唯包山簡增益辨識从月或从肉之辨識符。胃，即「胃（謂）」字，古文字从目、从田每互混，即如《包山楚簡》之「謂」字即有多（包山楚簡八九）、多（包山楚簡九六）、多（包山楚簡一二二）等形。「胃」借作「謂」，二者古同爲匣紐、物部。《包山楚簡八六》：「訟業陵君之陳胹邑人迊塙，胃（謂）殺其弟。」〔註84〕謂，作「爲，是」解，《詩經・小雅・賓之初筵》：「醉而不出，是謂伐德。」〔註85〕

㭇　（㭇㭇、悖悖），形與㭇（包山楚簡二十）同。饒氏隸作「孛」，釋作孛星之「孛」、〔註86〕何琳儀隸作㭇，讀「孼」，釋「改」，〔註87〕均可備一說。考帛書「㭇」，《包山楚簡》多見，如簡二十、二二、二三、二四、三十……等。「孛」字《包山楚簡一七二》作孛。知「㭇」不可隸作「孛」。然其意卻爲今「孛」（違孛）字。帛書「㭇」，當即「㭇」字。《字彙》：「㭇，此即孛字。《六書正譌》：『艸木茂盛之意。』借爲違㭇字，俗作孛、悖，并非。然今時俱作孛、悖不可易也。」〔註88〕帛書「㭇」，即今俗「悖」字。「悖」字重文作「悖悖」。上「悖」字

〔註82〕〈長沙帛書通釋〉，何琳儀，《江漢考古》1986 年第一期，頁 53。

〔註83〕《南華眞經》，上海涵芬樓藏明世德堂刊本，四部叢刊子部，文見卷七，頁 11，總頁第 138 頁。

〔註84〕同註 56，請參圖版一二八。

〔註85〕同註 16，頁 495。

〔註86〕同註 30，頁 255。

〔註87〕〈包山楚簡選釋〉，何琳儀，《江漢考古》1993 年第四期，頁 57。

〔註88〕《字彙字彙補》，梅膺祚撰、吳任臣補，上海辭書出版社，1991 年 6 月第一版，文見《字彙》寅集，子部，頁 112。

作動詞，作「違逆」解，《禮記・中庸》：「道並行而不相悖。」〔註89〕
下一「悖」字作名詞解，意指上文所云之諸災禍事。「悖悖」簡言之即
違逆常則招致災禍之謂。前輩學者蓋皆將悖字重文之下字，與其下「歲」
字連言，作「悖歲」，可備一說。然考諸帛書文例，於「是謂」之下，
皆接雙音節詞，如「是謂逆終」（〈天象篇〉三・29～32）、「是謂亂紀」
（〈天象篇〉四・10～13）、「是謂德匿」（〈天象篇〉九・21～24），準
此，則此句「悖悖」亦當連言，而不應析分爲二，方符合帛書文例。

大意

　　上下神祇、天地均降下災禍。天棓亦將降下大雨，使水流奔突於四方大
地之上。山嶽丘陵被天棓降下奔突之大水所夷平，深淵亦湧出泉水，漫溢四
方，這是違逆四時常則所招致之災禍。


※戢（歲）□月內（入）月旦（七日），ㄣ（八日？），□又（有）電
　雺雨土，不戛（得）亓（其）參職。天雨ㄅㄆ，是遊（逆）月閏
　之勿行。

　　　歲，徐山言「歲」字亦有重文符，〔註90〕今視帛書照片影本，知其所
　　　謂重文符，係「歲」字下殘字之筆畫所誤。加以由整帛觀之，所有重
　　　文、合文符俱標於字之右下角，此獨標於字之下方，且與所重字有相
　　　當之距離，與書手書寫習慣不同，知徐氏所謂之重文符不確。
　　　「歲」字下一字缺去，不可識，今闕疑。
　　　（月），字形與帛質相含混，據形猶可知爲「月」字。

　　　　（內），形與　（包山楚簡二二八）、　（魏三體石經・尚書・皋陶謨）
　　　同。帛書「內」，从冂从入，入亦聲。「入」上一橫畫係繁飾。內，作
　　　「入」解，《墨子・號令篇》：「諸可以攻城者，盡內城中。」〔註91〕
　　　《包山楚簡一九七》：「出內（入）事王。」〔註92〕

　　　　（七日），爲七日合文。帛書「十」作「　」（〈四時篇〉七・09），知帛書

〔註89〕同註21，頁899。
〔註90〕同註33，頁92。
〔註91〕《墨子》，上海涵芬樓景印明嘉靖癸丑刊本，四部叢刊子部，文見卷十五，頁
　　　　21，總頁第145。
〔註92〕同註56，圖版一七八。

「十」爲「七」字無疑。七日合文，於合書字之右下方益「＝」爲合文符。嚴一萍、李零均隸作「吉」，〔註93〕於形不類，加以隸作「吉」，亦與帛書文意相左，是知隸作「吉」，不確。帛書「內（入）月七日」，其例合於《秦簡‧日書七五七》：「入月一日二日。」〔註94〕

七日合文之下，殘去一字，據上引《秦簡‧日書》例之，則所缺當亦爲日期名，據殘形類似「八」。又所殘去之字僅佔一格，故疑所殘爲合文，即「八日」之合文。今據此補入。全文爲「內（入）月七日八日」。

「八日」合文下缺去一字，不可識，今闕疑。

（電），從雨從申甚明，隸作「電」，形與 🔣（說文古文）近似。安志敏、陳公柔隸作「雷」，〔註95〕於形不類。

（霊），從雨從亡，隸作「霊」。李學勤讀爲「霜」，引《白虎通義‧災變》：「霜之言亡也。」爲言，〔註96〕饒宗頤謂霊可讀作「芒」，〔註97〕帛書「電霊雨土」爲駢語。「雨」作動詞，「土」作名詞，依此準之則「電」爲動詞，「霊」爲名詞。《說文》：「🔣，黔易激燿也。」段注云：「自其振物言之謂之震；自其餘聲言之謂之霆；自其光燿言之謂之電。」〔註98〕是知帛書此處之「電」當釋作「陰陽相激而生閃光」。霊既爲名詞，則訓如本字，如下文「土」之訓土然。「電霊」，即天有霊如陰陽相激而生閃光之電一般。

「雨」，此作動詞，解作「自上下落，如雨一般下降。」《文選‧西都賦》：「風毛雨血，灑野蔽天。」〔註99〕

（土），形與 土（哀成弔鼎）、土（包山楚簡二三三）同。土即土壤。《易經‧離‧彖》：「日月麗乎天，百穀草木麗乎土。」〔註100〕「雨土」，

---

〔註93〕同註48，頁14；同註65，頁55。

〔註94〕《雲夢睡虎地秦墓》，雲夢睡虎地秦墓編寫組，文物出版社，1981年9月第一版，文見圖版一一八，編號第七五七簡。

〔註95〕同註4，頁53。

〔註96〕〈楚帛書中的天象〉，李學勤，《簡帛佚籍與學術史》，時報文化出版，1994年12月20日初版，頁39。

〔註97〕同註30，頁256。

〔註98〕同註9，頁577。

〔註99〕《文選》，宋淳熙本重雕鄱陽胡氏臧版，藝文印書館，民國78年1月十一版，文見卷一，頁16，總頁第28頁。

〔註100〕同註68，頁73。

於載籍習見。雨土即「霾」。《爾雅・釋天・月名》：「風而雨土為霾。」〔註101〕《詩經・邶風・終風》：「終風且霾。」〔註102〕《太平御覽》卷八七七咎徵部引京房《易傳》曰：「內淫亂，百姓勞苦，則天雨土。」又引《尚書・中候》曰：「夏桀無道，山上土崩，殷紂時，十日雨土於亳，紂竟國滅。」〔註103〕電雹、雨土均為凶咎之象，以示災異。

（曑、參），形與 [字形]（克鼎）、[字形]（中山王鼎）近似。《禮記・中庸》：「可以贊天地之化育，則可以與天地參矣！」〔註104〕蓋謂與之相參共化成育也。帛書之「參」意即在此。

（職），形與 [字形]（曾姬無卹壺）、[字形]（鄅王職劍）近似。作「職守、本分」解，《荀子・天論篇》：「不為而成，不求而得，夫是之謂天職。」〔註105〕

（？），形殘，不可識，今闕疑。

（？），形殘，不可識，右下有「＝」符。今闕疑。饒氏將此殘形與上殘形視為一字，隸作喜，讀為譆譆，釋為災異出現時驚嘆之詞。〔註106〕

（是），形殘，猶可識與 [字形]（〈四時篇〉二・10）形同，訓亦如之。

（勿），形與 [字形]（師酉簋）、[字形]（包山楚簡八十）同。作「莫、不要」解，表禁止之限制詞。《論語・衛靈公篇》：「己所不欲，勿施於人。」〔註107〕

行，此作動詞，作「舉事」解。

「是逆月閏之勿行」，指上述之凶咎，蓋皆起於閏月行事所致。古有閏月不舉百事之俗，《荊楚歲時記》云：「閏月不舉百事。」〔註108〕適與帛書之意合。

---

〔註101〕同註19，頁765。

〔註102〕同註16，頁79。

〔註103〕《太平御覽》，李昉，國泰文化事業有限公司，民國69年正月初版，文見卷八七七，頁9，總頁第3896頁。

〔註104〕同註21，頁895。

〔註105〕同註11：文見卷十一，頁16，總頁第119頁。

〔註106〕同註30，頁256。

〔註107〕《論語》，十三經注疏，藍燈出版社，頁140。

〔註108〕《荊楚歲時記校注》，王毓榮，文津出版社，民國77年8月出版，頁251。按此語引自《太平御覽》卷十七，時序部二，閏，請參該書卷十七，頁6，總頁第87頁。

大意

　　歲時□月入月的七日八日（？），天上有強烈的電雹（如陰陽相激而生閃光之電一般），且有天下土如雨等凶咎，實已失日月星辰運行有序，萬物盡得其性而生之常則，是以謂不得參贊天地化育之職。天降烈雨，乃違逆閏月不可舉事之凶咎。

※一月、二月、三月，是胃（謂）遊（逆）終，亡奉，冖□亓（其）邦。四月、五月，是胃（謂）亂絽（紀），亡尿（泉），、𡥀＝（其？）歲。

一　　（一），形與 ▬（毛公鼎）、▬（包山楚簡二四三）同。一，數目名。
　　　《漢書・敘傳下》：「元元本本，數始於一。」〔註109〕「一月」二字僅佔一個單字空格，爲合文，唯缺合文符，疑爲書手忽略所致，或爲合文符消失之先聲。

ㄑ　　（胃、謂），形殘。據殘形，及帛書文例「是謂某某」準之，知殘形爲多（〈天象篇〉二・28）字，加以帛書此二組詞，句式相對，此殘字詞組「是□遊（逆）終」，亦可據下組詞「是謂亂紀」而補入「謂」字。知此殘字爲「謂」字當無可疑，今據補。

　　　（遊、逆），形殘，據殘形，知與 𡥀（〈天象篇〉三・19）形同，今據補。

　　　（終），从糸从冬甚明，爲「終」字。作「年終」解。《左傳・文公元年》：「先王之正時也，履端於始，舉正於中，歸餘於終。」〔註110〕歸餘於終蓋謂置閏於歲終之意。帛書「逆終」，即違逆置閏於歲終之意，簡言之即置閏差忒。

　　　（奉），形與 𡥀（散盤）、𡥀（包山楚簡一四○）同。假借作「封」。《散盤》：「降以南奉（封）于周道。」〔註111〕封，作封界言。《小爾雅・廣詁》：「封，界也。」〔註112〕《左傳・僖公三十年》：「既東封鄭，又欲肆其西封。」〔註113〕

---

〔註109〕同註15：文見卷一○○下，頁4。
〔註110〕《左傳》，十三經注疏，藍燈出版社，頁298。
〔註111〕《金文總集》（八），嚴一萍，藝文印書館，民國72年12月再版，頁3712。
〔註112〕《小爾雅義證》，中華書局據墨莊遺書本校刊，四部備要經部，文見卷一，頁11。
〔註113〕同註110，頁285。

ᵕ （？），形殘，不可識，今闕疑。再下一字缺去，闕疑。

邦 （邦），形與邦（哀成弔鼎）、邦（師袁簋）同。邦，作「國」解。《說文》：「邦，國也。」段注：「《周禮》注曰：『大曰邦、小曰國。』」〔註114〕《詩經・大雅・皇矣》：「王此大邦，克順克比。」〔註115〕「□□其邦」據帛書文意或即為禍及其國之謂。

五 （五），形與五（鄂君啓舟節）、五（包山楚簡二四六）同。數目名，《左傳・僖公十六年》：「隕石于宋，五。」〔註116〕

謂 （謂），形稍殘，猶可識，今補。

絽 （絽、紀），从糸己聲，增益「口」部為繁形。如丙之作𠁥（〈宜忌篇〉一月）、梧之作梧（〈天象篇〉二・10）。絽即「紀」。「亂紀」，饒氏以《漢書・天文志》：「太白經天，天下革，民更王，是謂亂紀，人民流亡。」為解，〔註117〕可備一說，然恐失之於偏。此當作「亂經紀」解。古以一歲為十二紀。《禮記・月令》：「月窮于紀。」鄭注：「紀，會也。」〔註118〕蓋指日月交會，一歲十二次，是以為十二紀。又《禮記・月令》孟春之月：「司天日月星辰之行，宿離不貸，毋失經紀。」鄭注：「經紀，謂天文進退度數。」〔註119〕

亂紀，蓋謂逆亂天文進退之度數。

泉 （㲋、泉），唐健垣釋作「砅」，〔註120〕可備一說。今按「泉」字古文作「𤽎」（魏三體石經・僖公二九年），與帛書字形正同，故隸作「泉」。《說文》：「泉，水原也。」〔註121〕「亡泉」與「亡奉」相駢，「奉」為起土封疆界，作動詞，則「泉」亦作動詞。「奉」，起自地上；「泉」，起自地下。亡泉，即勿挖掘水源也。

·· （？），形殘，不可識，今闕疑。

𠮟 （？），形殘，不可識，今闕疑。

---

〔註114〕同註9，頁285。
〔註115〕同註16，頁570。
〔註116〕同註110，頁235。
〔註117〕同註30，頁257。
〔註118〕同註21，頁348。
〔註119〕同註21，頁287。
〔註120〕〈楚繒書文字拾遺〉，唐健垣，《中國文字》第三十冊，頁4。
〔註121〕同註9，頁575。

二、　「泉」字之下一句爲「□□□歲」，連續殘缺三字，今考帛書此二詞組，
　　　句式相駢，故將此句與上詞組「□□其邦」比勘，知「歲」上一字或
　　　可據以隸定作「其」，是以今補之。「□□其歲」，據帛書文意，或即爲
　　　犯觸歲禁之謂。

大意

　　一月、二月、三月因星辰運行失當，致置閏差忒，是以謂之逆終。勿起
土封疆界，以免禍及其國；四月、五月因日月交會失次，違逆天文進退之度
數，是以謂之亂紀。勿挖掘水源，以免犯觸歲禁。

※西畍（國）又（有）吝，女（如）昌（日月）既亂，乃又（有） 𤞓
（鼠）₍₍；東畍（國）又（有）吝，一丨丨乃兵，𧆑于亓（其）王██

　𑿀（西），形與 𑿁（國差罐）、𑿂（包山楚簡一五三）同。方位名，《易經·
　　小過》：「密雲不雨，自我西郊。」〔註122〕

　𑿃（畍、國），形與 𑿄（師袁簋）同。帛書畍，从邑从或。「邑」、「或」皆
　　邦、國之謂，〔註123〕故「西畍」可直隸作「西國」，此種文例，出土
　　實物及載籍習見，如《𢧑鐘》：「南或（國）及子敢陷（陷）虐我土。」
　　〔註124〕《禹鼎》：「廣伐南或（國）東或（國）。」〔註125〕《流沙墜簡·
　　雜事類三》：「德侯西域（國）東域（國）北域（國）將尉雍州冀州。」
　　〔註126〕《左傳·昭公四年》：「東國水。」〔註127〕帛書之「西國」，泛
　　指楚國之西方。《左傳·昭公十四年》：「楚子使然丹簡上國之兵於宗丘，
　　且撫其民。」杜注：「上國在國都之西，西方居上流，故謂之上國。」
　　孔疏：「正義曰：『下云簡東國之兵亦如之，知此是簡西國之兵也。』
　　西國東國皆是楚人在國之東西者，以水皆東流，西方居上流，故謂之
　　上國，西爲上則東爲下，下言東，則此是西，互相見也。」〔註128〕

〔註122〕同註68，頁135。
〔註123〕請參註9，頁285、頁637。
〔註124〕《金文總集》（九），嚴一萍，藝文印書館，民國72年12月再版，頁4093。
〔註125〕《金文總集》（二），嚴一萍，藝文印書館，民國72年12月再版，頁686。
〔註126〕《流沙墜簡》，羅振玉、王國維，北京：中華書局，1993年9月第一版，文
　　　見，頁192。
〔註127〕同註110，頁733。
〔註128〕同註110，頁820。

「西國」可據以爲釋，下文之「東國」並同。

吝 （吝），形與 ☒ （古璽）同。《廣韻・二十一震》:「吝，悔吝。」〔註 129〕

《易經・繫辭上》:「悔吝者，憂虞之象也。」〔註 130〕 故「吝」，解作

憂患、災禍。

女，於此通作「如」。女，古爲泥紐、魚部；如，古爲日紐、魚部。古

泥、日不分，知二者可假借。《中山王鼎》:「事孚（少）女（如）孷（長），

事愚女（如）智。」〔註 131〕 如，「好像」之意。《詩經・王風・采葛》:

「一日不見，如三秋兮。」〔註 132〕

既 （既），形與 ☒ （包山楚簡二四九）所從之「既」部形同。「已經」之意，

《尚書・堯典》:「九族既睦，平章百姓。」〔註 133〕

鼠 （鼠），形與 ☒ （包山楚簡八五）之「鼠」形同。帛書此字，商氏疑爲

「鼠」字，未釋；〔註 134〕 嚴氏疑爲「豸」，〔註 135〕 唐氏釋兒，讀作荒，

〔註 136〕 何氏隸作兒，讀閱，〔註 137〕 高氏亦隸作兒，假借爲敓〔註 138〕

巴納德隸作舀。〔註 139〕 前此諸家，或隸定而未釋，或將帛書此字析分

爲二部份，就此二部份尋求相近之字形，加以拼合。未作釋者，姑且

不論；其析分爲二部份，再尋求字形以拼合之者，恐失之牽強。按帛

書此字，即「鼠」字。形見上舉《包山楚簡》，考《包山楚簡》，從鼠

之字即有十一例，鼣、鼮、鼩、鼤、鼸、鼳、鼶、鼱、鼳、鼶、鼺等。

〔註 140〕 知其時鼠類之衆多。楚帛書與《包山楚墓》之年代相當（說詳

---

〔註 129〕《廣韻》，陳彭年，黎明文化事業股份有限公司，民國 79 年 10 月十二版，頁 392。

〔註 130〕同註 68，頁 145。

〔註 131〕《金文總集》（二），嚴一萍，藝文印書館，民國 72 年 12 月再版，頁 717～

718。

〔註 132〕同註 16，頁 153。

〔註 133〕同註 38，頁 20。

〔註 134〕同註 40，頁 13。

〔註 135〕同註 48，頁 17。

〔註 136〕同註 120，頁 7。

〔註 137〕同註 82，頁 54。

〔註 138〕同註 49，頁 385。

〔註 139〕《THE CHU SILK MANUSCRIPT～Translation and Commentary～》，Noel

Barnard Published by Deparment of Far Eastern History Reserch School of

Pacific Studies Institute of Advanced Studies The Australian Nation University

Canberra，1973，頁 142。

〔註 140〕同註 56，散見圖版二八八至三〇一。

第三章），是知楚帛書寫作之年代，鼠類當亦甚猖獗。帛書鼠字作「鼠」，其爪形少去其一，蓋爲其時簡省複重之風所致。《說文》：「鼠，穴蟲之總名也。」〔註141〕帛書之「鼠」蓋亦指此而言，爲鼠類之總稱。

（？），形殘，不可識。今闕疑。考帛書文意，此殘字或爲「災」之意。

（東），形與東（散盤）、東（包山楚簡一五六）同。方位名，《詩經·大雅·文王有聲》：「自西自東，自南自北，無思不服。」〔註142〕「東馘（國）」（可參上文「西國」條），《左傳·昭公十四年》：「使屈罷簡東國之兵於召陵。」杜注：「兵在國都之東者。」〔註143〕蓋泛指楚國之東方。〔註144〕

（？），形殘，不可識，今闕疑。

（？），形殘，不可識，今闕疑。

（兵），形與兵（畬忎鼎）、兵（包山楚簡八一）同。作動詞，戰爭。《左傳·哀公九年》：「可以興兵」。〔註145〕

（蠤），饒氏引李家浩隸帛書此字爲蠤，即雲夢日書之蟲，其義爲「害」。並引甘氏《歲星法》：「不利治兵，其國有誅，必害其王。」〔註146〕可從。

（王），形與王（包山楚簡七）同。王，即國君之謂。《爾雅·釋詁上》：「王、后、辟、公、侯，君也。」〔註147〕《左傳·僖公二五年》：「今

---

〔註141〕同註9，頁483。
〔註142〕同註16，頁584。
〔註143〕同註110，頁820。
〔註144〕楚「東國」一名，爲就歷史人文所區分者，主要特色爲楚文化景觀，並含有地理概念之成分。晏昌貴於〈《楚「東國」地理研究》評介〉中引述陳偉先生之意云：「楚〝東國〞是一個發展變化的概念，它大致西起方域一線，以淮水爲中軸向兩側展開，北面約包括淮北平原南部，西北伸入汝（水）、潁（河）上游地區，東北延至泰山南麓，西南止于大別山脈，東南接于大江之濱。大體相當於今河南東南部和江蘇、安徽北部、中部及山東南部。在今天，這樣一個廣大的區域，并不是一個獨立的自然景觀區或者人文景觀區；但它卻是一個歷史人文區，構成這一區域的主要特色就是楚文化景觀。《史記·貨殖列傳》將此區域劃歸〝三楚〞風俗區，就很能說明這一點。同時，〝東國〞還是當時就存在的地理概念，春秋戰國時楚人即以〝東國〞指上述地區。」請參〈《楚「東國」地理研究》評介〉，晏昌貴，《江源論壇》1993年第十期。
〔註145〕同註110，頁1014。
〔註146〕同註30，頁257。
〔註147〕同註19，頁14。

之王，古之帝也。」〔註148〕

大意

　　於國之西方有憂患事，如同日月運行失序，於是有各類鼠災；於國之東方亦有憂患事，將有兵事干及王身。

## 第二節　欽敬隹備，敬之母弐

※凡歲悳（德）匿，女（如）、日亥隹（惟）邦所，五夭之行。卉木民人，以𢼄（成？）四淺（踐）之尙（常）。亏上夭，三寺（時）是行，隹（惟）悳（德）匿之戠（歲），三寺（時）夃台，斁（繫）之以帀（？）降。是月以婁，曆（擬）爲之正。

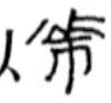

戌　（凡），形與戌（包山楚簡一三七）同。其右方之橫撇爲繁飾，一如風之作戌（〈四時篇〉一·31）、春之作�（〈天象篇〉一·13）等皆然。「凡」爲總括一切之意。《說文》：「𢎘，最括而言也。」段注：「最括者，總聚而絜束之也。」〔註149〕《管子·幼官篇》：「計凡付終，務本飾末，則富。」注：「凡，謂都數也。」〔註150〕

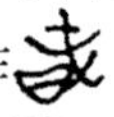

中　（悳、德），形與中（包山楚簡六二）同。从�から心，「�から」蓋「直」之形訛，悳即惪，即今「德」字。「德」與下字「匿」連言，知「德」當通作「仄」或「側」。德，古爲端紐、職部；仄、側，古皆爲莊紐、職部，知德、仄、側三者可假借，說詳下文「匿」字條。

匿　（匿），形與匿（包山楚簡一三八反）同，唯《包山楚簡》增益「口」旁。商承祚謂「悳匿」，有作「側匿」、「仄慝」、「縮朒」。〔註151〕商氏之說甚是。《漢書·匡張孔馬傳》：「時則有日月亂行，謂朓、側慝。」〔註152〕《漢書·五行志》卷二七下之下：「晦而月見西方謂之朓，朔

---

〔註148〕同註110，頁262。

〔註149〕《說文解字注》，許慎撰、段玉裁注，黎明文化事業股份有限公司，民國80年8月增訂八版，頁688。

〔註150〕《管子》，上海涵芬樓借常熟瞿氏鐵琴銅劍樓藏宋刊本景印，四部叢刊子部，文見卷三，頁1，總頁第16頁。

〔註151〕〈戰國楚帛書述略〉，商承祚，《文物》1964年第九期，頁13。

〔註152〕《漢書》，中華書局據武英殿本校刊，四部備要史部，文見卷八十一，頁18。

而月見東方謂之仄慝。……顏師古注引孟康曰：『朓者，月行疾在日前，故早見。仄慝者，行遲在日后，當沒而更見。』」〔註153〕《說文》朒：

「，朔而月見東方謂之縮朒。」〔註154〕由上，知德匿為月行遲於日後，當沒而未沒之意，亦即月蹦軌亂行之現象。

、　（？），形殘，不可識，今闕疑。

㠯　（曰），形殘，據殘形知與 （〈四時篇〉一·01）同。隸作「曰」。此作「言、說」解。《論語·學而篇》：「子曰：『學而時習之，不亦說乎？』」〔註155〕

夕　（亥），形與 （曶鼎）、（封簋）同。饒氏隸作「亥」，解為星次在亥之意，〔註156〕可從。亥為星次名，《爾雅·釋天》：「太歲……在亥曰大淵獻。」〔註157〕

隹　（隹、惟），形殘，據殘形猶可知與 （〈天象篇〉一·01）形同，今據補入「隹」。

邦　（邦），形殘，據殘形猶可知與 （〈天象篇〉四·05）形同，今據以補入「邦」。

所　（所），形與 （齊侯鎛鐘）、（不易戈）、（魏三體石經·僖公二八年古文）近似。作「處所」解，《詩經·鄭風·大叔于田》：「襢裼暴虎，獻于公所。」〔註158〕

古有以天上之星宿與地上州國相配之舉。《國語·周語下》：「昔武王伐殷，歲在鶉火。」韋昭注：「歲，歲星也。鶉火，次名，周分野也。」又「歲之所在，則我有周之分野也。」〔註159〕「亥為邦所」蓋謂我國正處於太歲在亥之位置上，簡言之即我邦居於星次之在之意。

五　（五），形殘，據殘形，知與 （〈天象篇〉四·08）形同，今補入。「五夭」，未詳所指，然知與四時五方有關，一如帛書中云「五木之精」

---

〔註153〕同註152，文見卷二十七下之下，頁15。
〔註154〕同註149，頁316。
〔註155〕《論語》，十三經注疏，藍燈出版社，頁5。
〔註156〕〈楚帛書新證〉，饒宗頤，《楚地出土文獻三種研究》饒宗頤、曾憲通合著，北京中華書局，1993年8月第一版，文見，頁259。
〔註157〕《爾雅義疏》，郝懿行，藝文印書館，民國76年10月四版，頁753。
〔註158〕《詩經》，十三經注疏，藍燈出版社，頁163。
〔註159〕《國語》，上海涵芬樓借杭州葉氏藏明金李刊本景印，四部叢刊史部，分見頁22、23，總頁第32、33。

（〈四時篇〉五・24～35）、「五正」（〈天象篇〉九・03～04）然。帛書「五夭」當爲四時五方之五種夭禍。

(之)，形殘斷，據殘形，猶知爲「之」字。

(民)，形與 ꝃ（曾子斿鼎）、ꝃ（上林榮宮鐙）同。民之爲言萌也，氓也，眠也，冥也，盲也。《管子・山國軌》：「謂高田之萌曰。」注：「萌，民也。」〔註 160〕《說文》：「氓，民也。」段注：「蓋自他歸往之民則謂之氓。」〔註 161〕《詩經・衛風・氓》：「氓之蚩蚩。」傳曰：「氓，民也。」〔註 162〕《集韻・十三耕》：「氓，通作萌、眠。」〔註 163〕《廣雅・釋詁》：「眠，癡也。」疏證：「眠，與氓同，亦通作萌。《賈子・大政篇》：『夫民之爲言也，冥也。萌之爲言也，盲也。』」〔註 164〕《周禮・地官・遂人》：「凡治野以劑，致眠以田里，安眠以樂昏。」注：「眠，猶懵懵無知貌也。」〔註 165〕凡此皆謂「民」爲懵昧無知、地位卑下之人。今帛書置「民人」於「卉木」之下，益知其時「民人」地位之卑賤。〔註 166〕民，即人民。《孟子・盡心篇下》：「民爲貴，社稷次之，君爲輕。」〔註 167〕

(人)，形與 ꝃ（曾姬無卹壺）、ꝃ（君夫人鼎）、ꝃ（包山楚簡八十）同。人，指一般之百姓、人民。《尚書・堯典》：「敬授人時。」〔註 168〕

(成?)，形殘，據殘形，疑即「成」字。形與 ꝃ（沈兒鐘）、ꝃ（包山楚簡一四七）、ꝃ（說文古文）近似。此處之「成」，當有「顯示」之意。蓋以草木之生長是否能得其時而生、人民之生活是否安樂，以此評判四時代興是否正常。一如本章第一節「卉木亡尚（常）」所引商氏之說法一般，以草木遍地生長，其得時與否，最易爲人覺知，是以帛

---

〔註 160〕同註 150，文見卷二十二，頁 7，總頁第 131 頁。
〔註 161〕同註 149，頁 633。
〔註 162〕同註 158，頁 134。
〔註 163〕《集韻》中華書局據棟亭五種本校刊，四部備要經部，文見平聲四，十三耕，頁 5。
〔註 164〕《廣雅疏證》，王念孫，中華書局，1983 年 5 月第一版，頁 81。
〔註 165〕《周禮》，十三經注疏，藍燈出版社，頁 232～233。
〔註 166〕「民」爲蒙昧無知之意，周谷城先生有精湛之論證，詳見《古史零證》，1956 年 9 月 24 日手抄影印本，頁 34～35。筆者所據此書無出版社名稱，爲手抄影印本。
〔註 167〕《孟子》，十三經注疏，藍燈出版社，頁 251。
〔註 168〕《尚書》，十三經注疏，藍燈出版社，頁 21。

書此處以草木爲評判四時代興正常與否之依據。「民人」之用意亦同。

（淺、踐），從水從戔，隸作淺，假借作「踐」。淺，古爲清紐、元部；踐，古爲從紐、元部，故淺、踐可假借。出土之「越王句踐劍」，其「踐」字即作「淺」，〔註169〕益「口」旁爲繁飾，無義。又《詩經・鄭風・東門之墠》：「東門之栗，有踐家室。」毛傳：「踐，淺也。」〔註170〕「四踐」，即四時代興之意。

形殘，據殘形，知爲「尙」字，形與尙（〈天象篇〉二・01）同。

（？），形殘，不可識，今闕疑。

（？），形殘，不可識，今闕疑。

（夭），形殘，據殘形，知與夭（〈天象篇〉五・23）形同，今補入。

「尙（常）」下二字形殘，不可識，今闕疑。

「□□上夭」，其義不明，訓如本字。

「三寺（時）」，古謂春、夏、秋三季。《國語・周語上》：「三時務農而一時講武。」韋昭注：「三時，春、夏、秋。」〔註171〕《左傳・桓公六年》：「謂其三時不害，而民和年豐也。」杜預注：「三時，春、夏、秋。」〔註172〕「三寺（時）是行」，謂春、夏、秋三時得以代興之意。

（之），形殘斷，猶可知爲「之」字，今據補入。

（三），上橫畫形殘，猶可知與三（〈天象篇〉六・06）形同，今據補入。

（寺、時），下形殘，據殘形猶可知與寺（〈天象篇〉六・07）形同，今據補入。「寺（時）」下一字殘缺，不可識，今闕疑。

（？），形殘，不可識，今闕疑。

（？），形殘，不識爲何字。饒氏謂「字從彡從日，或即㐱之異構，未敢定。」〔註173〕安志敏、陳公柔將此殘字與上殘字視爲一字，隸作「皆」。〔註174〕按其形與帛書「皆」作「皆」（〈天象篇〉七・24）不同，知其所釋不確。因形殘，不敢遽定，今闕疑。

〔註169〕請參《文物》，1973 年第六期，圖版壹。

〔註170〕同註 158，頁 178。

〔註171〕同註 159，頁 7。

〔註172〕《左傳》，十三經注疏，藍燈出版社，頁 110。

〔註173〕同註 156，頁 260。

〔註174〕〈長沙戰國繒書及其有關問題〉，安志敏、陳公柔，《文物》1963 年第九期，頁 53。

🦎 （嫛、繫），下形殘，猶可見「女」字殘畫，字當从叀从糸从女，隸作「嫛」。字書未見，疑即「繫」之別體。作「連接」解，《逸周書‧作雒解》：「南繫于雒水，地因于郊山。」注：「繫、因，皆連接也。」〔註175〕

🦎 （？），嚴氏疑爲「策」，〔註176〕唐氏、饒氏皆隸爲「素」，〔註177〕李氏隸作「紳」。〔註178〕於形均未安。按帛書「🦎」，从「🦎」（不詳所指）、从市，不見於字書，今闕疑。據文義，或可從李零之釋，借爲「霈」，作「大雨」解。

🦎 （降），形殘，猶知其形與🦎（〈天象篇〉二‧14）同。訓亦同之。「繫之以🦎降」，意謂接連著降下大雨。

🦎 （婁），形殘，據形知與🦎（魏三體石經‧僖公三十三年）古文「婁」同，唯石經古文增益飾畫「🦎」耳。帛書「婁」字从「如」，古文女、如通作。女，古爲泥紐、魚部；如，古爲日紐、魚部。泥、日古不分，知女、如可假借。「婁」爲星宿名，二十八宿之一。〔註179〕《禮記‧月令篇》：「季冬之月，日在婺女，昏，婁中；旦，氐中。」〔註180〕

🦎 （厗、舂），字書未見。从厂从二子从日，隸作「厗」，或即「舂」，即「舂」字。古文字从「厂」之字或可省去。如🦎（隨縣簡一五八），於包山簡則作🦎（包山楚簡一五七）；又如《集韻》：「㔟，或作勢。」〔註181〕《說文》言「㝢」、「厚」爲古今字。〔註182〕是知厗，可爲舂。即《說文》「舂」字。舂，《說文》：「🦎，盛貌，从弄从日，讀若薿薿，一曰若存。🦎，籀文从二子，一曰舂即奇字簪。」〔註183〕帛書字从

〔註175〕《逸周書集訓解》，朱佑曾撰、嚴可均輯，世界書局印行，民國69年11月三版，頁128。

〔註176〕〈楚繒書新考〉（上），嚴一萍，《中國文字》第二十六冊，民國56年12月出版，頁20。

〔註177〕〈楚繒書文字拾遺〉，唐健垣，《中國文字》第三十冊，民國57年12月，頁7。又同註157，頁260。

〔註178〕《長沙子彈庫戰國楚帛書研究》，李零，北京：中華書局，1985年7月第一版，頁58。

〔註179〕婁，星宿名，爲二十八宿之一，白虎七宿之第二宿。在奎宿與胃宿之間，共三顆。

〔註180〕《禮記》，十三經注疏，藍燈出版社，頁346。

〔註181〕同註163：文見平聲一，六脂，頁19。

〔註182〕同註149，頁232。

〔註183〕同註149，頁751。

「日」,《說文》「旾」從「日」,古文字「日」、「曰」常互混,如「旾」字段注云:「俗本日多訛曰。」是知帛書厤,即「旾」字。讀若「薿」,此從李零說讀爲擬。〔註184〕擬,比度之意,《說文》:「擬,度也。」〔註185〕《易經・繫辭上》:「聖人有以見天下之賾,而擬諸其形容,象其物宜。」疏:「以此深賾之理,擬度諸物形容也。」〔註186〕

3　(正),形殘泐,據殘形,猶可識與　(〈天象篇〉九・14)形同。作「釐定」解,《周禮・天官・宰夫》:「歲終,則令群吏正歲會;月終則令正月要;旬終,則令正日成。」〔註187〕

大意

凡於日月運行失序之年歲,如同我邦居處於星次之亥,將有五夭盛行。以草木是否依時而生,人民生活是否安樂,爲顯示春夏秋冬四時之代興是否正常。□□上夭,春夏秋三時相遞代興。於日月運行失次之年歲,春夏秋三時□□,接連地降下大雨,此月因白虎七宿中之婁宿失序,故比度以釐定之,使符常時。(由上「隹德匿之歲」,知此月月行遲於日,是以踰軌亂行,以致凶咎。正者,當指置閏事,當正其誤使歸其當。)

※隹(惟)十又(有)二□(月),隹(惟)㪯(悖)恴(德)匿,出自黃𣲘(淵),土身亡(無)　(觲),出內(入)□同,乍(作)亓(其)下凶。昌(日月)皆亂,星辰不囘(炯);昌(日月)既亂,歲季乃乀(凶?),寺(時)雨進退,亡(無)又(有)尙(常)恆。

　(隹、惟),形殘,猶可知與　(〈天象篇〉一・01)形同。訓亦同之。今據補入。

）　(十),形殘,據殘形知與　(〈四時篇〉七・09)形同,爲「十」字,訓亦同之。

「二」下一字殘缺,不可識,今闕疑。然考之金文文例,此缺字疑即「月」字,句作「隹十又二月」。

〔註184〕同註178,頁58。
〔註185〕同註149,頁610。
〔註186〕《周易》,十三經注疏,藍燈出版社,頁150。
〔註187〕同註165,頁50。

（悳、德），形殘，不可識。唯與「匿」連言，句同「凡歲德匿」（〈天象篇〉五·11～14）、「佳德匿之歲」（〈天象篇〉六·10～14）中之「德匿」，蓋帛書所殘字即「德」字。視其殘形，適與德作 ![字] （〈天象篇〉六·11）同，知爲「德」字無疑，今據以補入。

「朏」，訓同「又朏厥汨」（〈天象篇〉二·22～25）之朏字。此處與「黃」連言作「黃朏」，當解作「黃泉」。「出自黃朏」，蓋謂地氣（惡氣）出自地下。

（身），形與 ![字] （包山楚簡二三四）同。即「身」字。作「物的主體」解，《戰國策·趙策》：「君之身老矣，封，不可不早定也。」〔註188〕「土身」，即指土體本身，泛指土地而言（或可指土地之神）。

（㮍），從枭從共，隸作㮍，字書未見。「枭」旁形與 ![字] （〈宜忌篇〉七月）同；「共」旁形則與「異」作 ![字] （包山楚簡六十四）、![字] （包山楚簡一一三）、![字] （包山楚簡一一四）之下形同。又楚帛書「匿」作 ![字] （〈天象篇〉五·14）、![字] （〈天象篇〉七·06），其「艹」旁（仁案：「若」之卝旁爲艹之訛變）作「![字]」。由上是知帛書「![字]」當隸作「共」，「![字]」當隸作「㮍」。巴納德隸作「驟」；〔註189〕饒氏先隸作「賺」，再隸作「顯」，後改隸爲「䑌」，〔註190〕於形均有未安。「㮍」，字書未見。「枭」爲長沙人所共忌，是以〈宜忌篇〉七月言於夜捕枭（參第七章第七節）蓋欲捕殺之。又「枭」，《說文》訓「從鳥在木上」。段注：「此篆不入鳥部，而入木部者，重磔之於木也。」〔註191〕由上，知帛書「㮍」字，有共力枭斬之義，蓋有杜絕之效，今此字亦作如是解。

---

〔註188〕《戰國策校注》，上海涵芬樓借江南圖書館藏元至正十五年刊本景印，文見卷六，頁39，總頁第149。

〔註189〕《THE CHU SILK MANUSCRIPT～Translation and Commentary～》，Noel Barnard Published by Deparment of Far Eastern History Reserch School of Pacific Studies Institute of Advanced Studies The Australian Nation University Canberra·1973，文見，頁152。

〔註190〕饒氏所隸定之字，先後見於〈楚繒書疏證〉，饒宗頤，《中央研究院歷史語言研究所集刊》第四十冊（上），1968年10月，頁17；〈楚帛書新證〉，饒宗頤，《楚帛書》，饒宗頤，曾憲通，香港：中華書局，1985年9月版，頁57；〈楚帛書新證〉，饒宗頤，《楚地出土文獻三種研究》饒宗頤、曾憲通合著，北京中華書局，1993年8月第一版，頁261。

〔註191〕同註149，頁273。

「土身亡𣂪」，蓋謂對於上言災異，土身（土地之神）不加以杜絕，亦即任其作凶之意。

（內），據殘形知與 🔺（〈天象篇〉二‧33）形同，今據補入。出內猶出入。

「內」下一字殘缺，不可識，今闕疑。然據文意觀之，此缺字當有正面肯定之意。

（同），形與 🔺（同篇）、🔺（包山楚簡二二〇）同。作「協合」解。《管子‧重令篇》：「眾寡同力，則戰可以必勝，而守可以必固。」〔註192〕
「出內（入）□同」，謂地下惡氣將下降，協力同作。

（下），形與 🔺（鄂君啟車節）、🔺（包山楚簡六十二）同。其上一橫畫係繁飾。下，上之反義詞，《說文》：「🔺，底也，从反二為二。」〔註193〕
《詩經‧唐風‧采苓》：「采苦采苦，首陽之下。」〔註194〕

（凶），作「災禍」解，《楚辭‧卜居》：「此孰吉孰凶？」〔註195〕

（麠、皆），形與 🔺（中山王壺）近似，即「皆」字。《中山王鼎》：「氏（是）以賮（寡）人許之，惄（謀）忌（慮）麠（皆）伀（從）。」
〔註196〕皆，作「並」解。《儀禮‧聘禮》：「入三揖皆行。」注：「皆，猶並也。」〔註197〕

（冋），形與 🔺（克鼎）、🔺（曶簋）同。帛書此字，因裝裱拉扯及帛質脆弱之故，字形訛曲，然形猶可辨。假借作「炯」。冋、炯，古音同為見紐、耕部，故可假借。《說文》：「🔺，光也。」〔註198〕
「星辰不冋」，蓋謂星辰之居位不顯之意。

（亂），形殘，據殘形知與 🔺（〈天象篇〉一‧24）形同。

（季），形與 🔺（作季簋）、🔺（季楚簋）同。作「末」解。《國語‧晉語一》：「雖當三季之王。」注：「季，末也。」〔註199〕

---

〔註192〕同註150，文見卷第五，頁10，總頁第33頁。
〔註193〕同註149，頁2。
〔註194〕同註158，頁228。
〔註195〕《楚辭》，上海涵芬樓借江南圖書館藏明繙宋本景印，四部叢刊，頁95。
〔註196〕《金文總集》（二），嚴一萍，藝文印書館，民國72年12月再版，頁721。
〔註197〕《儀禮》，十三經注疏，藍燈出版社，頁262。
〔註198〕同註149，頁490。
〔註199〕同註159：文見卷第七，頁3，總頁第61。

ㄟ　（？），形殘，不可辨識，今闕疑。唯考帛書文意，疑此殘字當有「災禍」之意。

　　「歲季乃□」，意謂日月德匿、運行失序，致使農時失節，不得其時而耕，農穫是以不佳，歲末於是有災禍。

分単　（進），下形殘，據殘形知與 (兮甲盤)、 (中山王壺) 形同。作「增益」解。《易經・乾・文言》：「君子進德修業。」〔註200〕

　（退），上形殘，據殘形及文義，疑為「退」字，形與 (說文古文)同。退，作「減損」解。《周禮・秋官・小司寇》：「王拜受之，以圖國用而進退之。」注：「進退，猶損益也。」〔註201〕帛書「進退」即作如是解。

　（尚、常），左上形缺去一筆，據殘形知與 (《天象篇》二・01) 形同，今據補入，訓亦同之。

　（恆），形與 (說文古文) 同。《說文》：「，常也。」〔註202〕《詩經・小雅・小明》：「嗟爾君子，無恆安處。」箋云：「恆，常也。」〔註203〕

大意

　　十二月，有日月踰軌亂行事，地下之惡氣出自黃泉，土地本身（或土地之神）並不加以杜絕而任其發作，地下惡氣上騰，天上惡氣將下降，上下協力同作，降下凶咎。日月並亂（謂日月同時運行失序），致使星辰之居次不顯；日月之行次既已混亂無序，時令即無法掌握，歲末乃有荒災。即使連有季節性之雨水，亦增損無定，該雨不雨，不該雨而雨，已失應有之規律。

　　※恭（恐）民未智（知），曆（擬）以為則，母（毋）童（動）群民，以三恆，雙（登、芟）四（駟）興（鼠），以、天尚（常）。群神五正，四（駟）興失羊（祥），建恆襄（懷）民，五正乃明，亓（其）神是享，是胃（謂）悳（德）匿，群神乃悪（德）。

　（恭、恐），從共從心，隸作恭。李零讀為「恐」，〔註204〕甚是。恭，

〔註200〕同註186，頁 14。
〔註201〕同註165，頁 525。
〔註202〕同註149，頁 687。
〔註203〕同註158，頁 447。
〔註204〕同註178，頁 60。

古為見紐、東部；恐，古為溪紐、東部，二者音近可假借，恐，表疑慮之詞，作「耽憂」解。《左傳·成公十七年》：「余恐死，故不敢占也。」〔註205〕《論語·季氏》：「季孫之憂不在顓臾，而在蕭牆之內也。」〔註206〕

图 （智），形與图（包山楚簡一三七）同。《說文》「智」字段注：「此與矢部知音義皆同，故二字多通用。」〔註207〕智，假借作「知」，作「知道」解，《墨子·經說下》：「夫君，以所明正所不智，不以所不智疑所明。」〔註208〕

图 （厤），下形殘，據殘形知與图（〈天象篇〉六·28）形同。

图 （為），形殘，據文例及殘形，知為「為」字，形與图（〈四時篇〉二·27）同。訓亦如之。

「則」，此作「法則」解。《詩經·大雅·烝民》：「天生烝民，有物有則。」傳：「則，法也。」〔註209〕

「厤以為則」，蓋謂比度以為常法。

图 （童、動），形與图（包山楚簡一八〇）同。童通作「動」。童、動古音同為定紐、東部，二者音同可假借。《毛公鼎》：「虢許上下若否，雽四方死母（毋）童（動）。」〔註210〕作「驚懼」解。《左傳·宣公十一年》：「冬，楚子為陳夏氏亂故，伐陳。謂陳人，無動！將討於少西氏。」〔註211〕

图 （群），形與图（子璋鐘）、图（陳侯午錞）同，唯帛書減省「口」旁耳。群，眾多之意，《周禮·秋官·鄉士》：「群士司刑皆在，各麗其法，以議獄訟。」〔註212〕

「毋動群民」，意謂不要驚動群民百姓。

图 （？），形殘，下從火。不可辨識，今闕疑。

〔註205〕同註172，頁483。
〔註206〕同註155，頁146。
〔註207〕同註149，頁138。
〔註208〕《墨子》，上海涵芬樓景印明嘉靖癸丑刊本，文見卷十，頁20，總頁第97頁。
〔註209〕同註158，頁674。
〔註210〕同註196，頁732。
〔註211〕同註172，頁383。
〔註212〕同註165，頁529。

「三恆」，李零疑爲日、月、星三辰，〔註213〕李說可從。《左傳·昭公
三十二年》：「天有三辰，地有五行。」〔註214〕高明謂三恆爲「三垣」，
〔註215〕可備一說。何琳儀謂三恆即「三常」，〔註216〕於文義則未安。

（田、四），說同 🐣（〈四時篇〉三·13），即「四」字。此處通作「駟」。
四、駟，古音同爲心紐、質部，二者音同可假借。駟，爲天駟之簡
稱。《國語·周語中》：「駟見而隕霜。」韋昭注：「駟，天駟，房星
也。」〔註217〕駟，爲星宿名，即房宿。〔註218〕《史記·天官書》：「房
爲府，曰天駟。」〔註219〕《爾雅·釋天》：「天駟，房也。」〔註220〕
按帛書之「四（駟）」，爲古人以候農時之星。《說文》辰部「辰」字
條云：「辰，房星，天時也。」〔註221〕又「辱」字條云：「辰者，農
之時也，故房星爲辰田候也。」〔註222〕又晶部「晨」字條云：「辰房
星，爲民田時者。」段注：「《周語》曰：『農祥晨正。』韋云：『農
祥，房星也；晨正，謂立春之日，晨中於午也，農事之候，故曰農
祥。』」〔註223〕由上知古人視房星爲農祥，以候農時。故張衡〈東
京賦〉：「農祥晨正。」李善注：「農祥，天駟，即房星也。」〔註224〕
又《國語·周語下》：「辰馬，農祥也。」韋昭注：「辰馬，謂房、心
星也。心星所在大辰之次爲天駟，駟，馬也，故曰辰馬。言月在房
合於農祥也，祥猶象也。房星晨正而農事起，故謂之農祥。」〔註225〕
按以「四」假爲「駟」，又見於隨縣曾侯乙墓出土之匜器上，此器漆

---

〔註213〕 同註178，頁60。
〔註214〕 同註172，頁933。
〔註215〕 〈楚繒書研究〉，高明，《古文字研究》第十二輯，1985年10月第一版，頁
387。
〔註216〕 〈長沙帛書通釋〉，何琳儀，《江漢考古》1986年第一期，頁55。
〔註217〕 同註159：文見卷第二，頁11，總頁第17頁。
〔註218〕 房星，東方蒼龍七宿之第四宿，有星四顆。《說文通訓定聲》：「房，按東方宿、
房四星，直下微曲，即俗說大人星之鼻口，大火爲背，尾爲股膝足也。」
〔註219〕 《史記會注考證》，瀧川龜太郎，宏業書局，民國76年7月再版，文見卷二
十七，頁11，總頁第459頁。
〔註220〕 同註157，頁774。
〔註221〕 同註149，頁752。
〔註222〕 同註149，頁752。
〔註223〕 同註149，頁316。
〔註224〕 《文選》，蕭統編，藝文印書館，民國78年1月十一版，頁61。
〔註225〕 同註159：文見卷第三，頁23，總頁第33頁。

書文字云：「民祀隹（惟）坊（房），日辰於（？）維。興歲之四（駟），
所尚若敕（陳）。絰（經）天嘗（常）和。」〔註226〕

**(興)**，右上形殘，據殘形知與 (興鼎)、 (包山楚簡一五九) 同。
作「昌盛」解。《詩經・小雅・天保》云：「天保定爾，以莫不興。」
箋云：「興，盛也。」〔註227〕

「四興」，即「興四」之倒裝，亦即「興歲之四（駟）」之簡稱。以四
（駟）星爲主司農事，駟星明，運行循序，則其歲五穀豐昌。今因日
月德匿，星辰贏縮，失其常序，農時節令因之混亂。帛書言「雙（登）
四（駟）興鼠」，蓋爲掃除日月星三恆運行失序所造成之農穡損失，故
當解作「夷平駟星運行失序之災禍」。

**(？)**，形殘，不可辨識，今闕疑。據文意，疑此殘字有「合」、「就」
之意。

「天尚」即「天常」，天之常道也。《管子・形勢解》：「天覆萬物，制
寒暑、行日月、次星辰，天之常也。」〔註228〕「以□天尚（常）」，蓋
指觀察日月之運行，及星辰之居次，重新制定一套時令，使民不失時。
「以□三恆，……以□天尚（常）。」蓋即對上文「恭（恐）民未智（知），
厝（擬）以爲則，母（毋）童（動）群民」所採取之方法。

**(神)**，形殘，據殘形知與 (〈四時篇〉六・09) 形同，今據以補入。
「群神」，蓋指天地山川神鬼怪物。《國語・楚語下》：「天子遍祀群神
品物。」〔註229〕

**(正)**，形與 (盦忎鼎)、 (包山楚簡一六一) 同。正，作「長官」
解。《左傳・隱公六年》：「翼九宗五正。」注：「五正，五官之長。」
〔註230〕

「五正」，即五行之官名。《太平御覽》卷十七〈時序部二・五行〉引《家
語》曰：「季康子問於孔子曰，……康子曰：『吾聞勾芒爲木正，祝融爲

---

〔註226〕〈曾侯乙墓匫器漆書文字初釋〉，饒宗頤，《古文字研究》第十輯，頁190。
〔註227〕同註158，頁330。
〔註228〕同註150，文見卷二十，頁1，總頁第113頁。
〔註229〕文見〈楚語下〉第十八，頁4，總頁第131頁。「群神」一詞，古籍習見，如
　　　　《左傳・襄公四年》：「名山名川，群神群祀。」《左傳・襄公十一年》：「群神
　　　　群祀，先公先王。」
〔註230〕同註172，頁70。

火正，蓐收爲金正，玄冥爲水正，后土爲土正，此則五行之主也而不稱何？』孔子曰：『凡五正者，五行之官名也。』」〔註231〕即指木正、火正、金正、水正、土正而言。《左傳·昭公二十九年》：「木正曰勾芒，火正曰祝融，金正曰蓐收，水正曰玄冥，土正曰后土。」〔註232〕帛書既有五木，又有祝融，則五正之名，當即指此。

四，即房星駟。說同 （〈天象篇〉八·28）

（興），形殘，據文例與「四（駟）」連言及文義，知爲「興」字，形當與 （〈天象篇〉八·29。案：此字右上形亦稍殘）同。今據補入。

（失），何氏隸作「堯」，〔註233〕饒氏據以讀爲「饒」，〔註234〕可備一說。嚴氏據〈詛楚文〉泆作「 」及古失、泆通作，而定帛書此字爲「失」，〔註235〕可從。

（羊、祥），形與 （鄂君啓舟節）、 （包山楚簡一八一）同。隸作羊，通作「祥」。羊，古爲余紐、陽部，祥，古爲邪紐、陽部，故可假借。漢代博局鏡，有銘云：「刻婁（鏤）博局去不羊（祥）。」〔註236〕祥猶象也，或可謂徵驗。《國語·周語下》：「辰馬農祥。」韋昭注：「祥猶象也。」〔註237〕

「失羊（祥）」猶謂失其徵驗也。四（駟）星原爲古代人民勘驗以爲農時節候之星，今因日月星辰亂逆其行，各失其常序，是以四（駟）星失其爲節候農時之象，故帛書云：「四（駟）興失羊（祥）」。

（建），下形殘，殘形疑爲「止」旁。字从聿从止作「 」。饒氏隸作「建」，〔註238〕可從。形與 （蔡侯鐘）近似。作「建立」解。《易經·比·象》：「地上有水，比，先王以建萬國，親諸侯。」〔註239〕

---

〔註231〕《太平御覽》，李昉等，國泰文化事業股份有限公司，民國 69 年正月初版，文見卷十七，頁 2，總頁第 85 頁。

〔註232〕同註 172，頁 923。

〔註233〕同註 216，頁 56。

〔註234〕同註 156，頁 263。

〔註235〕同註 176，頁 25。

〔註236〕引自〈跋石板村〝式圖〟鏡〉，李零，《文物天地》，1992 年第一期，頁 32。

〔註237〕同註 159：文見卷第三，頁 23，總頁第 33 頁。

〔註238〕〈楚繒書疏證〉，饒宗頤，《中央研究院歷史語言研究所集刊》第四十冊（上），1968 年 10 月，頁 18。

〔註239〕同註 186，頁 37。

🔶（裒、懷），形與🔶（裒鼎）、🔶（古璽）同。何氏隸作襩，讀襩爲屬，
〔註240〕可備一說。裒，爲「懷」之初文。作「安撫」解。《毛公鼎》：
「衒（率）裒（懷）不廷方，亡不閈于文武耿光。」〔註241〕

🔶（明），形與🔶（寅簋）、🔶（𪉗羌鐘）、🔶（說文古文）同。作「顯
著」解，《禮記・中庸》：「著則明。」注：「明，著之顯著也。」〔註242〕

🔶（其），形殘，據殘形知與🔶（〈天象篇〉五・08）形同。即「其」字。

🔶（𦰶、享），形與🔶（仲辛父簋）、🔶（曾侯乙鎛）、🔶（包山楚簡一
六三）同。𦰶即「享」字，作「祭祀」解，《尚書・盤庚上》：「茲予大
享于先王。」〔註243〕

「五正乃明，其神是享。」明、享對言，金文有連言之者。《服尊》：「服
肇夙夕明享。」〔註244〕

🔶（胃、謂），形殘，據殘形知與🔶（〈天象篇〉二・28）形同，今補入。

🔶（悳、德），形殘，據殘形知與🔶（〈天象篇〉六・11）形同，今補入。
此作「恩惠」解。《尚書・盤庚上》：「汝克黜乃心，施實德於民。」
〔註245〕

## 大意

耽憂人民不知日月踰軌亂行、星辰不顯、四時代興失序之事，故比度日
月星辰等天象，使製時令與農事合，切勿驚動群民百姓。以明日月之運行及
星辰之居所，改正四時代興失序之現象（即治曆明時），並解決農星天駟運行
失序所造成之災禍，使民不失時，以合天之常道。天地山川人鬼怪物及五正
失考，駟星亦失其徵驗。（雖有以上之構想，以防驚動群民百姓，然未及付諸
施行，是以有此情況，而欲解決此問題，下文即提出解答。）建立三恆，懷
柔其民，五正（五方之神）乃知其所居（神各有其居所），恭祀其神，縱使遇
上日月踰軌亂行事，群神仍當德之（降下恩惠）。

## ※帝曰：「絲，🔶（敬）之哉！母（毋）弗或敬，隹（惟）天乍（作）

〔註240〕同註216，頁56。
〔註241〕同註196，頁732。
〔註242〕同註180，頁895。
〔註243〕同註168，頁129。
〔註244〕《金文總集》（六），嚴一萍，藝文印書館，民國72年12月再版，頁2653。
〔註245〕同註168，頁128。

福，神則各之，隹（惟）天乍（作）夭，神則惠之。亍（欽）敬佳（惟）備，天像是惻，感佳（惟）天⋏⋏，下民之祆，敬之母（毋）戈（忒） ▬」

「曰」，此作「說」解。《毛公鼎》：「王若曰：『父厝，丕顯文武，皇天弘龍（寵）。』」〔註246〕

**（麟、𦈨、𦈨）**，形與（𢆶史鼎）、（師袁簋）近似。金文蓋皆从言、絲省聲。帛書則爲全形。帛書「」爲小篆之前身，亦即「𦈨」字，即今字「猷」。《尚書‧大誥》：「王若曰：『猷。』」馬融本作「𦈨」。〔註247〕𦈨爲語氣詞，《彔伯簋》：「王若曰：『彔伯戜。𦈨，自乃且（祖）考有□于周邦。』」〔註248〕《爾雅‧釋詁上》：「𦈨，於也。」〔註249〕

**（敬）**，形殘，不可辨識。陳邦懷據《尚書‧呂刑》、《汲冢周書‧和寤解》及〈五權解〉云：「王曰：『嗚呼，敬之哉！』」證之，而補「敬」字。〔註250〕今視帛書殘形，爲「敬」字部之「艹」旁，形與（〈天象篇〉十‧04）同，補「敬」可從。作「敬重」解。《孟子‧離婁下》：「敬人者，人常敬之。」〔註251〕

「之」此作受詞。指上文所言「建恆懷民，五正乃明，其神是享，是謂德匿，群神乃德。」一事。

**（哉）**，形與（郳公華鐘）、（𪓐兒鐘）近似。哉，語氣詞，相當於「吧」。《尚書‧呂刑》：「王曰：『嗚呼，敬之哉！』」〔註252〕

**（弗）**，形與（師𡢘鼎）、（包山楚簡一三○）同。作「不」解。《尚書‧堯典》：「九載績用弗成。」〔註253〕

**（或）**，形與（多友鼎）、（召伯簋）同。作「有」解。《詩經‧召

---

〔註246〕同註196，頁732。

〔註247〕說見《金文編》，容庚，北京：中華書局影印，1985年7月第一版，頁856。

〔註248〕《金文總集》（四），嚴一萍，藝文印書館，民國72年12月再版，頁1650。

〔註249〕同註157，頁64。

〔註250〕〈戰國楚帛書文字考證〉，陳邦懷，《古文字研究》第五輯，1981年1月第一版，頁234。

〔註251〕同註167，頁153。

〔註252〕同註168，頁303。

〔註253〕同註168，頁26。

南・殷其雷》：「何斯違斯，莫敢或遑。」〔註254〕

🔲（敬），形與🔲（鄘侯🔲簋）同。訓同上文「敬之哉」之「敬」字。
「母（毋）弗或敬」，為「毋或弗敬」之倒，亦即「毋有不敬」之意。
《胤嗣妊盗壺》：「子孫母（毋）有不敬。」〔註255〕與《禮記・曲禮》：
「毋不敬。」〔註256〕意同。

🔲（福），形與🔲（包山楚簡二〇六）同。受鬼神之佑助曰福。《曾伯臣》：
「天賜之福。」〔註257〕

🔲（則），形殘據帛書文句「佳（惟）天作福，神則各之；佳（惟）天作
夭，神則惠之。」為二相駢之語句。則「神🔲各之」，可據「神則惠
之」以定此殘字為「則」字。今視殘形亦為「則」字之殘，定為「則」
字當無可疑。

🔲（各），形與🔲（包山楚簡二〇六）同。各，即後來「格」之本字，此
作「感通」解，《寧簋》：「其用各百神」〔註258〕《尚書・君奭》：「成
湯既受命，時則有若伊尹，格于皇天。」〔註259〕

🔲（夭），形殘，據殘形知為「夭」字。形同🔲（〈天象篇〉五・23）。作
凶咎、災禍解。

🔲（惠），或釋「擊」，〔註260〕不確。帛書此字當从叀从心（从🔲从🔲），
而簡省其複重之部份「🔲」，合而為「🔲」，隸作惠（帛書簡省複重之
風，可參第十章第一節）。與🔲（中山王壺）形近。惠，釋「順」。《爾
雅・釋言》：「惠，順也。」〔註261〕《尚書・文侯之命》：「惠康小民。」
孔疏引正義曰：「惠，順也。」〔註262〕

於此福、夭對言；各、惠對言。古時民智未開之際，一切凶咎禍福，
人民蓋皆將之歸於「天、神」之旨意，是以篤信天、神。《左傳・莊公

---

〔註254〕同註158，頁59。
〔註255〕《金文總集》（七），嚴一萍，藝文印書館，民國72年12月再版，頁3246。
〔註256〕同註180，頁12。
〔註257〕《金文總集》（四），嚴一萍，藝文印書館，民國72年12月再版，頁1842。
〔註258〕同註257，頁1372。
〔註259〕同註168，頁245。
〔註260〕〈論長沙出土之繒書〉，董作賓，《大陸雜誌》第十卷第六期，民國44年3
月出版，頁175。
〔註261〕同註157，頁377。
〔註262〕同註168，頁311。

十年》：「小信未孚，神弗福也。」〔註263〕天爲群神之主宰，是以天欲
降禍、賜福於下民，群神皆聽順之。帛書此思想，正與我國古代傳統
之天神崇拜相符。《春秋繁露·郊義》：「天者百神之君也，王者之所最
尊也。」〔註264〕

（欽），形殘。李零據殘形隸作「欽」字，〔註265〕可參。考帛書「欽」
作 （〈天象篇〉十一·20）殘形與之形同。欽，作「恭敬」解。《尚
書·堯典》：「放勳欽明，文思安安。」注：「欽，敬也。」〔註266〕
「備」，說同「山陵備洫」之「備」（〈四時篇〉五·09），此作「敬愼」
解。《說文》：「 ，愼也。」〔註267〕

（像），从人从象，隸作「像」。象，形與 （師湯父鼎）近似。像，假
借作象。像、象古同爲邪紐、陽部，故二者音同可假借。象，指「天象」
言。《易經·繫辭上》：「在天成象。」注：「象，況日月星辰。」〔註268〕
「天象」，即天空呈現之現象，指日月星辰運行之情況言。《尚書·胤征》：
「昏迷于天象，以干先王之誅。」〔註269〕帛書則泛指「上天」而言。

（惻），从心則聲，隸爲「惻」字。《說文》：「 ，痛也。」〔註270〕痛
惜之意。《漢書·成帝紀》：「關東流冗者眾，青、幽冀部尤劇，朕甚痛
焉。未聞在位有惻然者，孰當助朕憂之。」〔註271〕

（戚、感），嚴一萍隸作「戚」，〔註272〕高明隸作「咸」，〔註273〕饒宗頤
讀作「虐」，〔註274〕於字形均有未安。按帛書此字即古文「感」字。《字
彙補》：「戚，古文感字。」〔註275〕感，感應。《易經·咸·象》：「天

---

〔註263〕同註172，頁147。
〔註264〕《春秋繁露》，上海涵芬樓景印武英殿聚珍本，四部叢刊經部，文見卷十五，
　　　　頁1，總頁第79。
〔註265〕同註178，頁61。
〔註266〕同註168，頁19。
〔註267〕同註149，頁375。
〔註268〕同註186，頁143。
〔註269〕同註168，頁103。
〔註270〕同註149，頁517。
〔註271〕同註152，文見卷十，頁8。
〔註272〕同註176，頁29。
〔註273〕同註215，頁382。
〔註274〕同註156，頁264。
〔註275〕《字彙　字彙補》，梅膺祚撰、吳任臣補，上海辭書出版社1991年6月第一

地感而萬物化生，聖人感人心而天下和平。」〔註276〕

~　（？），形殘，不可識，今闕疑。

下　（下），上形殘泐，據殘形知爲「下」字。今據補入。

　　「下民」，當與「絕地天通」有些許關連。《國語・楚語下》記載少皞衰落，九黎亂德，致使民神雜糅。民匱于祀，禍災荐臻。及至顓頊出，爲平復亂象，乃命南正重司天以屬神，命火正黎司地以屬民。〔註277〕天在上，地在下，神上民下，神尊民卑，是以帛書此段以帝之立場（帝曰）稱人民爲「下民」。此「下」除含有居處在下之意外，實亦含有卑賤之意。

祋　（祋、禩），形與𥘰（伯祋鼎）同。隸作「祋」。李零疑爲戒字之異寫，〔註278〕一从示，一从廾，知李說未確。饒氏隸作「祋」，以「弋、異、翼互通例之；祋殆即禩字。」〔註279〕可從。然饒氏讀「祋」爲「翼」則可商榷。古文字戈、弋常有互混現象，〔註280〕知祋可隸作「祋」。竊疑「祋」與「禩」爲同音同義而異構之別體。《說文》：「𥘰，祭無已也。从示巳聲。禩，祀或从異。」〔註281〕

之　（之），形殘，猶可識爲「之」字，形與丄（〈天象篇〉十・20）同，今補入。

弋　（戈、忒），形與𢦔（師奎父鼎）、𢦔（不易戈）、弋（包山楚簡二六一）同。古文字戈、弋互混，李家浩論之甚詳，並謂此弋當讀爲「忒」，〔註282〕可從。考「弋」，古爲余紐、職部；忒，古爲透紐、職部，二者疊韻可假借。忒，即差忒。《易經・豫・象》：「天地以順動，故日月不過，而四時不忒。」〔註283〕

　　「毋忒」，即無差忒之謂。「敬之毋忒」與上文「毋弗或敬」意貫，與《國語・楚語下》所載相同，其云：「敬恭明神者，以爲之祝。……各

　　　　版，文見《字彙補》卯集，戈部，頁 75。

〔註276〕同註 186，頁 82。

〔註277〕同註 159：文見〈楚語下〉第十八，頁 1～3。

〔註278〕同註 178，頁 62。

〔註279〕同註 156，頁 265。

〔註280〕請參〈戰國𨚦布考〉，李家浩，《古文字研究》第三輯，頁 160～161。

〔註281〕同註 149，頁 3～4。

〔註282〕同註 280，頁 161。

〔註283〕同註 186，頁 48。

司其序，不相亂也。民是以能有忠信，神是以能有明德，民神異業，敬而不瀆，故神降之嘉生，民以物享，禍災不至，求用不匱。」〔註284〕

**大意**

　　天帝說：「唉！心存誠敬地祭祀吧！人民之祭祀，不可有絲毫之不敬。若得上天佑助，群神亦當感通天命而敬隨之賜福；上天降下凶咎，群神亦當依順天命，降下災禍。要恭謹地敬祀上天，上天即會痛惜人民，降福除災，感應上天之□，下地人民之祭祀當更敬順而不可有差忒。」

## 第三節　祀之以誠，相穀弗憂

※民勿用[字]百神，山川漭浴（谷），不欽[字]行，民祀不脂（悟）。帝牌（將）繇以亂（逆？）之行。

[字]　（用），形與[字]（曾侯乙鼎）、[字]（蔡侯盤）同。於此表因果關係，用在原因分句之前，作「由於、因爲」解。《禹鼎》：「用天降大喪于二或（國）。」〔註285〕

[字]　（？），形殘，不可辨識，據殘形知字從彳，以其不可辨識，今闕疑。

[字]　（？），形殘，不可辨識，據殘形知從彳從止，以其不可辨識，今闕疑。

[字]　（神），形殘，據殘形知爲「神」字，形與[字]（〈天象篇〉十‧09）同，今據補入。

[字]　（川），形殘，據殘形及與「山」連言，知爲「川」字，形與[字]（〈四時篇〉三‧12）同。今據補入。

[字]　（漭），水形殘泐，稍可辨其形，據殘形知與[字]（〈四時篇〉三‧31）形同。〈四時篇〉以漭爲灘之省，或釋灘，〔註286〕或釋萬，〔註287〕於義均有未安。李零以「漭」與「谷」連讀，推測其爲表示淵穴或溪流一類之字，〔註288〕李說可從。考帛書此句「山川漭浴（谷）」，山、

〔註284〕同註159：文見〈楚語下〉第十八，頁1～2，總頁第129～130。

〔註285〕《金文總集》（二），嚴一萍，藝文印書館，民國72年12月初版，頁686。

〔註286〕〈楚繒書新考〉（上），嚴一萍，《中國文字》第二十六冊，頁30。

〔註287〕〈楚繒書文字拾遺〉，唐健垣，《中國文字》第三十冊，頁13。

〔註288〕《長沙子彈庫戰國楚帛書研究》，李零，北京：中華書局，1985年7月第一版，頁62。

川、谷皆爲實體，則「溝」亦當爲實體之物，以其从水，知當與水有
關。山、川、谷，三者已遍舉高起之山、平地大河及凹下之山谷，則
「溝」或當指溪澗急湍淺水一類，如此「山川溝谷」則概括地上一切
地形矣。

　　（浴、谷），从水从谷，隸作「浴」，通作「谷」。浴，古爲余紐、屋部；
谷，古爲見紐、屋部，故二者疊韻可假借。《阜陽詩經漢簡・小雅・伐
木》：「出自幼浴。」〔註289〕今本作「出自幽谷」。〔註290〕谷，兩山間
之流水道或低地，如河谷、山谷。《詩經・小雅・伐木》：「出自幽谷，
遷于喬木。」〔註291〕

　　（欽），从欠金聲，隸作「欽」。「欠」形與 （歔，〈宜忌篇〉五月）
之「欠」形同。「金」形則與 （包山楚簡一五〇）同。《爾雅・釋詁
下》：「欽，敬也。」〔註292〕《尚書・堯典》：「乃命羲和，欽若昊天，
歷象日月星辰。」〔註293〕《史記・五帝紀》則作「乃命羲和，敬順昊
天，數法日月星辰。」〔註294〕知「欽」，敬也。

　　（？），形殘，不可辨識。商承祚補「敬」字，〔註295〕饒氏補「之」字，
〔註296〕於形均未安。考帛書此字殘甚，不能辨識，今闕疑。

　　（祀），形與 （牆盤）、 （拍敦蓋）同。作「祭祀（永久之祭祀）」
解。《說文》：「 ，祭無巳也。」〔註297〕《禮記・祭法篇》：「以死勤
事則祀之。」〔註298〕

　　（狷、悟），商氏隸作「莊」，〔註299〕可備一說。李零據于省吾考證古文

〔註289〕請參《阜陽漢簡詩經研究》，胡平生、韓自強，上海古籍出版社，1988 年 5
　　　　月第一版，圖版 S139。
〔註290〕《詩經》，十三經注疏，藍燈出版社，頁 327。
〔註291〕同註 290。
〔註292〕《爾雅義疏》，郝懿行，藝文印書館，民國 76 年 10 月四版，頁 187。
〔註293〕《尚書》，十三經注疏，藍燈出版社，頁 21。
〔註294〕《史記會注考證》，瀧川龜太郎，宏業書局，民國 76 年 7 月再版，頁 24。
〔註295〕〈戰國楚帛書述略〉，商承祚，《文物》1964 年第九期，所附摹本釋文。
〔註296〕〈楚帛書新證〉，饒宗頤，《楚地出土文獻三種研究》饒宗頤、曾憲通合著，
　　　　北京中華書局 1993 年 8 月第一版，頁 265。
〔註297〕《說文解字注》，許慎撰、段玉裁注，黎明文化事業股份有限公司，民國 80
　　　　年 8 月增訂八版，頁 3。
〔註298〕《禮記》，十三經注疏，藍燈出版社，頁 802。
〔註299〕同註 295，頁 14。

字「言」、「音」每每互作，而讀此字爲「歆」。〔註300〕於形、義均有未安。竊疑𦧄爲「寤」，假爲「悟」，訓「覺知」。按甲骨文有「𤕫」字〔註301〕作一人臥床几而張口之形，下從「五」聲。由字形分析言之，此當爲「寤」初文。今𤕫，從爿從𠄡作人張口形，正是覺悟之寫照。帛書𦧄，從爿從言。「言」蓋即甲骨文「𠄡」之義構。「𠄡」表形，「言」表義。是知帛書「𦧄」字，實即甲骨文「𤕫」字，亦即爲「睡而寤」之寫照。是以《廣雅・釋詁》云：「寤，覺也。」〔註302〕故「𦧄」即「𤕫」即「寤」字。寤，《說文》：「寤，寐覺而有言曰寤。從㝱省，吾聲。」段注：「古書多假寤爲悟。」〔註303〕又㝱，《說文》：「㝱，寐而覺者也，……《周禮》以日月星辰占六㝱之吉凶。……四曰寤㝱。……」段注：「寤，大徐本作悟。」〔註304〕《說文》：「悟，覺也。」段注：「古書多用寤爲之。」〔註305〕寤、悟，古音同爲疑紐、魚部，二者音同可假借。《楚辭・離騷》：「閨中既以邃遠兮，哲王又不寤（悟）。」注：「寤，覺也。」〔註306〕「民祀不悟」，猶言人民不能覺知而心存誠敬地祭祀。上文「用」字條，爲原因分句之始，此處「民祀不悟」則爲其結果。此因、果關係爲「人民因群神不盡其職責，是以人民就不能覺知而心存誠敬地祭祀。」

帝（帝），左形稍殘，猶可識，今補。

𣱵（𣱵），形與「𣱵」（〈天象篇〉九・31）同，唯此處增益「口」旁。於此不作語氣詞解。讀爲「猷」，作「謀劃」解。《尚書・君陳篇》：「爾有嘉謀嘉猷，則入告爾后于內。」〔註307〕

（逆？），形殘，不可辨識。按此字上接「亂」，下接「之行」，句作「亂□之行」，疑此殘字爲「逆」字。例似上文「亂逆其行」（〈天象篇〉一・24～27），今据以補入。

〔註300〕同註288，頁63。
〔註301〕《殷墟卜辭綜類》，島邦男，大通書局，民國59年12月初版，字見頁451。
〔註302〕《廣雅疏證》，王念孫，北京：中華書局，1983年5月第一版，文見卷四上，頁120。
〔註303〕同註297，頁351。
〔註304〕同註297，頁350～351。
〔註305〕同註297，頁510。
〔註306〕《楚辭》，上海涵芬樓借江南圖書館藏明繙宋本景印，四部叢刊，文見卷一，頁35～36，總頁第19～20頁。
〔註307〕同註293，頁274。

大意

　　人民切勿因百神中之山、川、澫、谷等神未能敬謹地盡其職責，人民就不能覺知而心存誠敬地祭祀。否則天帝將謀使日月德匿、星辰贏縮，使天體運行無常，以示懲戒。

※民則又（有）哉（穀），亡（無）又（有）相蠹（擾），不見陵西，是則鼠至，民人弗智（知）。歲則無綃，祭祀則![返](返），民少（小）又（有），，，（憂？）。土事勿從，凶■

　　「則」，此作連詞，表假設，釋「若」。《左傳・成公九年》：「德則不競，尋盟何為？」〔註308〕《史記・高祖本紀》：「今則來，沛公恐不得有此。」〔註309〕

（哉、穀），形與（包山楚簡一九一）同。商氏讀哉為「穀」，〔註310〕何氏據以引《莊子・駢拇》：「臧與穀。」釋文：「崔本作穀。」而證穀、哉可假借，〔註311〕可從。穀、哉古音皆為見紐、屋部，知二者音同可假借。《爾雅・釋詁上》：「穀，善也。」〔註312〕《禮記・曲禮下》：「于內自稱曰不穀。」注：「穀，善也。」〔註313〕《詩經・魯頌・有駜》：「君子有穀。」箋云：「穀，善也。」〔註314〕帛書「有穀」，泛指相善之意。

（蠹、憂、擾），從悬從虫，隸作「蠹」。《字彙補》：「蠹，同憂字。」〔註315〕據此則知帛書「蠹」亦當為「憂」字，繁簡之不同耳。商氏讀憂為「擾」（仁案：憂，古為影紐、幽部；擾，古為日紐、憂部。），〔註316〕可從。作「擾亂」解。《尚書・胤征》：「俶擾天紀。」傳：「擾，亂也。」〔註317〕

〔註308〕《左傳》，十三經注疏，藍燈出版社，頁447。
〔註309〕同註294，頁162。
〔註310〕同註295，頁14。
〔註311〕〈長沙帛書通釋〉，何琳儀，《江漢考古》1986年第一期，頁57。
〔註312〕同註292，頁34。
〔註313〕同註298，頁90。
〔註314〕同註290，頁766。
〔註315〕《字彙　字彙補》，梅膺祚撰、吳任臣補，上海辭書出版社，1991年6月第一版，文見《字彙補》子集，頁23。
〔註316〕同註295，頁15。
〔註317〕同註293，頁102。

（見），形與 🝑（作冊㠯）、🝑（鄂君啓舟節）、🝑（包山楚簡二二二）同。《說文》：「🝑，視也。」〔註318〕《禮記・大學》：「心不在焉，視而不見，聽而不聞，食而不知其味。」〔註319〕

（陵），形殘，據殘形，知與 🝑（〈天象篇〉二・20）形同。今補入。陵，與下字「西」連讀。

（西），形殘，曾憲通據殘形隸作「西」，〔註320〕可從。考「西」，帛書作「🝑」（〈天象篇〉四・20），正與殘形相同，知爲「西」字無疑。饒氏據西字《說文》或體作棲，謂陵西即陵棲，猶言陵遲、陵繹、陵夷，可從。解爲地坼、地陷、地凶，則可備一說。〔註321〕考陵夷、陵遲，原是丘陵逐漸低平之意。《荀子・宥坐篇》：「數仞之牆而民不踰也，百仞之山而豎子馮而游焉，陵遲故也。」〔註322〕今「陵西」引申爲逐漸衰頹之意。《漢書・成帝紀》：「帝王之道，日以陵夷。」師古注：「陵，丘陵也。夷，平也。言其頹替若丘陵之漸平也。」〔註323〕

（至），形殘，據殘形，知與 🝑（〈四時篇〉五・15）形同。今補入。

（歲），形殘，據殘形，知與 🝑（〈四時篇〉四・07）同，今補入。歲，指歲紀，作「曆法」言。「則」，作連詞，表假設，釋「若」，訓同「民則有穀」之「則」（〈天象篇〉十二・02）。

（無），形與 🝑（曾姬無卹壺）、🝑（包山楚簡十六）同。無，「有」之相反詞。《尚書・舜典》：「剛而無虐，簡而無傲。」〔註324〕

（絹），李氏隸作「絑」，讀爲「攸」，無釋。〔註325〕何氏隸作「絹」，疑爲「七政」或「七緯」之專用字。〔註326〕饒氏隸作絹，讀爲「改」或

---

〔註318〕同註297，頁412。
〔註319〕同註298，頁986。
〔註320〕文見〈楚帛書文字編〉，曾憲通，《楚地出土文獻三種研究》饒宗頤、曾憲通合著，北京中華書局1993年8月第一版，頁243。於1993年曾氏將此文字編單冊發行，書名《長沙楚帛書文字編》，北京：中華書局，1993年2月第一版，字見頁28。
〔註321〕同註296，頁266。
〔註322〕《荀子》，上海涵芬樓景印古逸叢書本，四部叢刊子部，文見卷二十，頁5，總頁第205頁。
〔註323〕《漢書》，中華書局據武英殿本校刊，四部備要史部，文見卷十，頁8。
〔註324〕同註293，頁46。
〔註325〕同註288，頁63。
〔註326〕同註311，頁57。

「觢」。〔註327〕今從饒氏讀為「改」。《字彙》：「絠，戈宰切，音改。彈彄也。」〔註328〕改，作「變更，使更為正。」解。《說文》：「改，更也。」〔註329〕《易經・益・象》：「君子以見善則遷，有過則改。」〔註330〕

祭 （祭），形與 䰞（欒書缶）同。祭，祀祖先鬼神也。《說文》：「祭，祭祀也。」〔註331〕《禮記・祭統篇》：「祭者，所以追養繼孝也。」〔註332〕

祀 （祀），形殘泐，據殘形知為「祀」字，形與 祀（〈天象篇〉十一・24）同，今補入。訓亦同之。

返 （返），形殘。商氏隸作「過」，〔註333〕曾氏隸作述，借為遂。〔註334〕於形均未安。今考此殘形，疑即「返」字。返，金文作 返（曾侯乙鎛）、返（鄂君啓舟節），正與殘形同。「祭祀則返」，義亦通達，與上下文義，適相符合，知此殘形為「返」字當無可疑。《說文》：「返，還也。」〔註335〕引申為反覆之意。

少 （少），形殘，據殘形知與 少（封孫宅盤）、少（包山楚簡二〇七）形同。少，假借作「小」。少，古為書紐、宵部；小，古為心紐、宵部，故二者可假借。《左傳・僖公二十八年》：「少長有禮。」注：「少長，猶言大小。」〔註336〕《包山楚簡二一〇》：「占之恒貞吉，少（小）又（有）憂於躬身與宮室。」〔註337〕

少 （？），形殘，不可識，據《包山楚簡二一〇》有語句「少又憂於……。」適與帛書此句「民少又□」句法相符，故殘字據以補入「憂」字，於文義順暢無礙。

事 （事），形與 事（包山楚簡二一三）同。此字宜與上字連讀。「土事」，意

〔註327〕同註296，頁266。
〔註328〕同註315，文見未集，頁356。
〔註329〕同註297，頁125。
〔註330〕《周易》，十三經注疏，藍燈出版社，頁96。
〔註331〕同註297，頁3。
〔註332〕同註298，頁83。
〔註333〕同註295。
〔註334〕《長沙楚帛書文字編》，曾憲通，北京：中華書局，1993年2月第一版，字見頁40。
〔註335〕同註299，頁72。
〔註336〕同註308，頁272。
〔註337〕《包山楚墓》（下），湖北省荊沙鐵路考古隊，文物出版社，1991年10月第一版，圖版一八三。

指土地之事，《淮南子·時則篇》：「命有司曰：『土事兂作。』」〔註338〕
《禮記·月令·仲冬之月》：「土事毋作，慎毋發蓋。」孔疏：「土事毋作，慎毋發蓋者，於此之時，土地之事毋得興作。又須謹慎毋得開發掩蓋之物。」〔註339〕

彐　（勿），下形殘斷，析為二部份，據殘形知與 彡（〈天象篇〉三·23）同，今補入。

延　（從），形與 從《多友鼎》、從（包山楚簡一九三）同。從，作「做」解。《鹽鐵論·地廣篇》：「大言而不從，高厲而行卑。」〔註340〕

「土事勿從」，亦即上引《禮記·月令篇》、《淮南子·時則篇》所云「土事毋（勿）作」之意。

大意

　　人民若能相善，沒有相擾之事，長此以往，未見稍頹，縱使凶咎事生，人民亦不覺知其存在。歲紀（曆法）若不改正，祭祀就會反覆（重複祭祀，以致混亂），人民就小有憂患事生。土地之事不要去做，否則將有凶咎。

〔註338〕《淮南子》，上海涵芬樓景印劉泖生影寫北宋本，四部叢刊子部，文見卷五，頁12，總頁第37頁。

〔註339〕同註298，頁344～345。

〔註340〕《鹽鐵論》，上海涵芬樓借長沙葉氏觀古堂藏明弘治涂氏江陰刊本景印，四部叢刊子部，文見卷四，頁3，總頁第28頁。